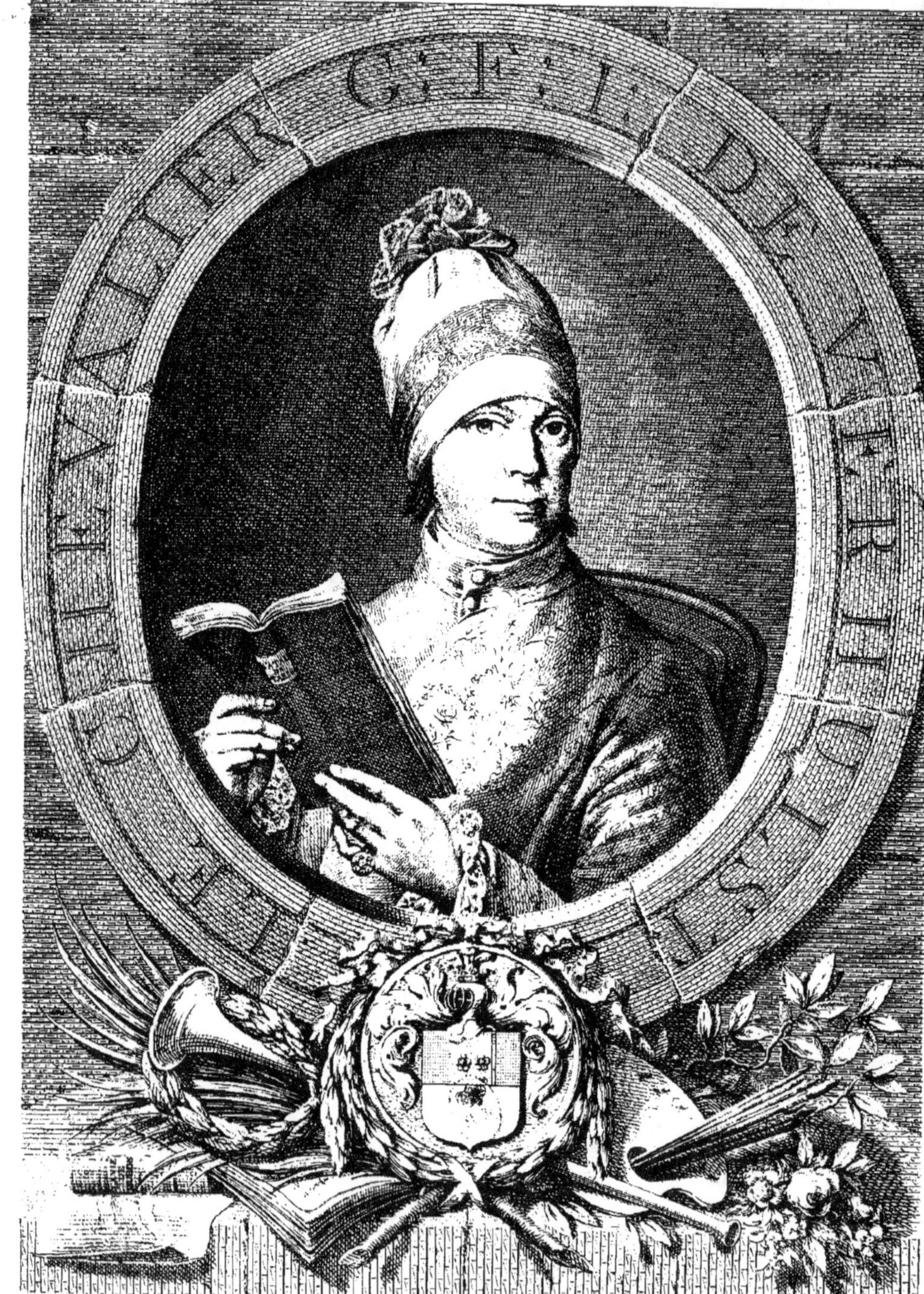
CHEVALIER C. E. J. DE VERDION
A. Cardon Sculp.

CATALOGUE

D'UNE RICHE ET PRECIEUSE COLLECTION DE

TABLEAUX

Des Meilleurs & plus célébres Maîtres des Ecoles d'Italie, des Pays-Bas & de France, qui compofent le Cabinet de Feu Meffire

GABRIEL-FRANÇOIS-JOSEPH
DE VERHULST,

Dont les Héritiers propofent l'acquifition en Total & en Maffe.

Les Perfonnes qui défireront faire quelque offre pour la totalité, ou prendre des informations ultérieures à cet égard, font priés de vouloir s'adreffer au Notaire & Procureur *HENRI DE NECK*, demeurant rue des CHAPELLIERS à *Bruxelles*, en affranchiffant les ports de Lettres.

A BRUXELLES,

De l'Imprimerie d'ANTOINE D'OURS.
M. DCC. LXXIX.

AVERTISSEMENT.

& après la difperfion des plus fâmeux Cabinets tant
de la France que de la Hollande, ont déterminé
d'autant plus fes Héritiers de propofer l'acquifition de
ce Cabinet en Total & en Maffe, qu'étant connu de
différens Souverains, des Princes les plus Illuftres,
& des Perfonnes les plus diftinguées de l'Europe,
l'amour pour les Arts pourroit leur infpirer le goût
& faciliter le moyen de voir former fous leurs yeux
d'après ces Modéles les Artiftes les plus célébres.

Si cependant après un tems moral, cet offre ne
pourroit avoir lieu, on indiquera par les Gazettes &
des Affiches celui auquel la Vente de ce Cabinet fera
fixée & en ce cas les Acheteurs payeront au-deffus
du prix d'achat un Sol de Change par florin, ainfi que
cela fe pratique en Hollande & ailleurs.

Les Amateurs qui défireront de voir & examiner
ce Cabinet, pourront s'adreffer à la maifon Mortuaire
de Mr. le Chevalier *DE VERHULST*, fituée rue
de l'Étuve.

Les Mefures des Tableaux font prifes fur le pied de
Bruxelles qui eft de onze pouces, & fuivant l'ufage
ordinaire d'arrafement, c'eft-à-dire de feuillure en
feuillure des Bordures, qui font toutes dorées, très-
riches en Sculptures & parfaitement confervées.

Cet Allignement ▬▬▬▬▬ defigne la mefure
d'un Pouce de Bruxelles.

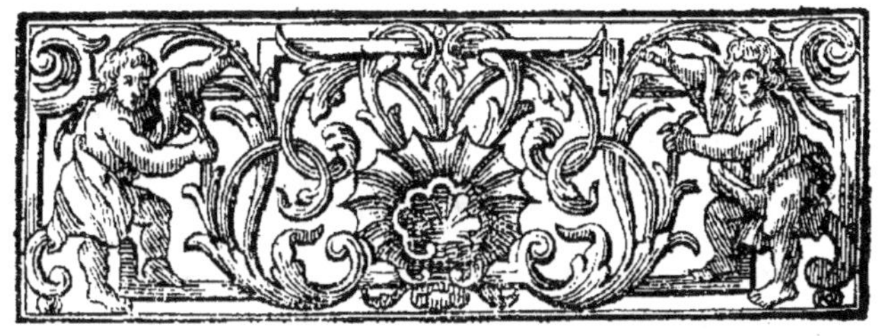

CATALOGUE

DES

TABLEAUX

DU CABINET DE FEU MESSIRE

GABRIEL-FRANÇOIS-JOSEPH

DE VERHULST,

ECOLE D'ITALIE.

TIZIANO VECELLI DÀ CADORÉ,
dit LE TITIEN.

No. I.   *Peint fur Toile, haut* 23½, *large* 19 *pouces.*

LE Bufte d'un Vieillard ridé & barbu, il a les cheveux crepus, & eft vetu d'une Robe noire : derriere lui on voit de profil celui d'un jeune homme, en Robe rouge, bordée d'hermines, les cheveux epats, un chapeau rabattu fur la tête. Ce Tableau vient du Cabinet de Mr. le Chevalier Dorn.

A

TADDÉE ZUCCHERO.

No. 2.   *Peint fur Cuivre, haut* 15½, *large* 12 *pouces.*

Une très-belle Piéce répréfentant la Nativité du Seigneur, & l'adoration des Bergers, on voit dans le lointain le reveil des Pâtres à l'annonce du Meſſie. Ce Tableau ſe trouve gravé en 1567, par *C. Cort.*

LOUIS CARRACHE.

No. 3.   *Peint fur Toile, haut* 43, *large* 59 *pouces.*

Ce Tableau répréfente Tobie Epouvanté à l'afpect du Poiſſon monſtrueux, l'Ange qui le raſſure & ſemble lui ordonner de le tirer de l'Eau.

AUGUSTIN CARRACHE.

No. 4.   *Peint fur Bois, haut* 24 *large* 19 *pouces.*

La Vierge en douleur recevant au bas de la Croix dans ſon giron le Corps inanimé du Chriſt, qui ſe voit de profil : on y remarque tous les attributs de ſa Paſſion.

DOMINIQUE ZAMPIERI, *dit* LE DOMINIQUIN.

No. 5.   *Peint fur Toile, haut* 11, *large* 17½ *pouces.*

Le Corps mort d'une Sainte poſé ſur une Eſtrade : deux Anges rélevent une drapperie ou rideau bleu.

DOMINIQUE FETI.

No. 6.   *Peint fur Bois, haut* 19, *large* 16 *pouces.*

Ce beau Tableau répréfente la Femme cherchant a la lueur d'une lampe la Drachme perdue.

JEAN-FRANÇOIS BARBIERI DA CENTO, *dit* LE GUERCHIN.

No. 7.   *Peint fur Toile, haut 45 large 38 pouces.*

Saint Jerôme en Oraifon dans une grote. Figure de proportion naturelle, & vue jufques aux genoux.

No. 8.   *Peint fur Toile, haut 45 large 38 pouces.*

Ce Pendant, peint par le même, repréfente Saint Sebaftien attaché à un arbre & percé d'une flèche, Figure de proportion naturelle, vue jufques aux genoux.

MICHEL-ANGE CERQUOZZI, *dit* DES BATAILLES.

No. 9.   *Peint fur Toile, haut 20, large 26½ pouces.*

Un Payfage d'Italie, repréfentant au Soleil couchant d'Eté une réjouiffance de Bohêmiens & Bohêmiennes. Sur le devant de ce Tableau fe préfentent plufieurs groupes de Figures en différentes attitudes grotefques ; au milieu d'eux un Vieillard danfant avec une Femme : à droite fur une élévation montagneufe, on voit un chariot attélé de Bœufs, & dans une guinguette devant une maifon plufieurs buveurs.

JEAN-BENOIT CASTIGLIONE, *dit* LE BENEDETTE.

No. 10.   *Peint fur Toile, haut 56, large 69 pouces.*

Ce beau Tableau repréfente des débris d'Architectures & des Maufolées antiques, artiftement travaillés en bas-réliefs ; on y voit fur le devant le pieux Tobie en attitude d'attendriffement, faifant enterrer les morts par fes ferviteurs, & à droite le jeune Tobie, dans lequel on remarque l'impreffion touchante que lui fait cette trifte fcene.

A 2

No. 11.   *De même hauteur & largeur que le précédent.*

Cette Piéce du même Artiste que la précédente, peinte fur Toile, repréfente le retour de Jacob de chez fon Beau-Pere Laban avec fa famille & fes riches troupeaux : Ce Patriarche eft affis fur un chameau, on y remarque des autres chargés, & un grand nombre de Bétail de toute efpéce qui traverfe une grande étendue de pays, ornée de Fabriques & d'Arbres.

No. 12.   *Même hauteur & largeur que le précédent.*

La troifiéme Piéce du Benedette repréfente Orphé enchantant au fon de fon Luth les animaux, dont il s'en trouve de toutes les fortes & efpéces.

No. 13.   *Peint fur Toile, haut 44, large 76 pouces.*

La quatrième repréfente une Fête à Priape, on y voit, dans un vafte Payfage borné par de montagnes, à droite fur un Tonneau Bacchique de Pierre, taillé en bas-rélief, la Statue de Priape : à côté des Urnes & Vafes antiques; au bas du Gibier de toute efpéce : au devant vers le milieu un Satire careffant une Bacchante, tenant une Couronne de Pampres; auprès d'eux une autre Bacchante joue du tambour de Bafque. Dans un fecond Plan près d'une Urne fe remarquent des Faunes & Bacchantes endormies fur le gazon.

LE CHEVALIER CARLE MARATTE.

No. 14.   *Peint fur Cuivre, haut 11½, large 16 pouces.*

Un répos en Egypte. On y remarque dans un brillant Payfage la Sainte Vierge affife par terre, appuyée fur une efpéce de manteau roulé, tenant d'une main une pomme, & l'Enfant Jefus fur fon giron; à fes pieds Saint Jean en attitude d'adoration, plus bas on voit une Corbeille avec de fleurs & des vetemens cramoify : de côté fur un fecond plan Saint Jofeph appuyé contre une hurée, fe répofant fur fon Bâton.

CARLO DOLCI.

No. 15. *Peint fur Toile, haut 18½, large 15 pouces.*

Une Sainte Vierge en Dévotion, elle eft vue ayant la tête baiffée, & les mains jointes, fa tète eft couverte d'un voile pourpre & en deffous d'un voile blanc. La douleur eft peinte fur fon vifage d'une maniere fi frappante, qu'on ne peut la regarder fans émotion.

VALERIO CASTELLI.

No. 16. *Peint fur Toile, baut 22, large 74 pouces.*

Un Triomphe de Dieux Marins. On y voit Venus & Neptune traînés fur la furface des eaux par des Chevaux Marins, accompagnés des Naiades & Tritons. On remarque de côté dans une Caverne lumineufe le Feftin des Dieux.

NOGARRI.

No. 17 & 18. *Peints fur Toile, hauts 23½, larges 18½ pouces.*

Deux Portraits. L'un d'un Vieillard coëffé d'un Bonnet fouré, appuyé fur un Livre.

L'autre d'une Vieille en bonne humeur, tenant d'une main un verre de Liqueur, & de l'autre une Bouteille. Figures à mi-corps & de proportion naturelle.

No. 19 & 20. *Peints fur Toile, de mêmes bauteurs & largeurs que les précédents, & du même Artifte.*

Deux autres Portraits. L'un repréfentant un Jeune Homme tenant une flutte en main.

L'autre une jeune Fille gracieufe jouant du Tambourin. Figures à mi-Corps & de proportion naturelle.

Ces quatres piéces viennent du Cabinet de feu **Mr. Molinari.**

VIRELLI.

No. 21. *Peint fur Toile, haut 26 large 32 pouces.*

L'Interieur des Montagnes du Tirol, orné de quantité de Fabriques, & d'un grand nombre de Figures.

ECOLE DES PAYS-BAS.

ALBERT DURER.

No. 22.   *Peint fur Bois, haut 13, large 9 pouces.*

Une Vierge de Pitié, tenant fur fon giron le Corps inanimé du Chrift.

DIERIC VAN UTRECHT.

No. 23 & 24.   *Peints fur Toile, hauts 7, larges 6 pouces.*

Un Berger jouant de la Flutte ; & une Bergere avec fa Houlette, tenant une Couronne de Fleurs.

CHARLES D'IPRES, *dit* L'IPENAER.

No. 25.   *Peint fur Bois, haut 13½, large 10 pouces.*

Le Baptême de Jefus-Chrift aux bords du Jourdain.

JACQUES GRIMMER.

No. 26.   *Peint fur Bois, haut 13, large 17½ pouces.*

Une belle Eglife Romaine, ornée de quantité de Figures, on y voit au milieu adminiftrer le Baptême à un Enfant.

CAREL VAN MANDER.

No. 27.   *Peint fur Bois, haut 18, large 15½ pouces.*

Jefus-Chrift avec fes Difciples, appellant à lui les jeunes Enfans.

PAUL BRIL.

No. 28.   *Peint fur Cuivre, haut 10½, large 14 pouces.*

Ce brillant Payfage préfente d'un côté fur différens plans une

grande elévation de Montagnes jufques aux nues, ornés de plufieurs
Fabriques. On y voit fur le devant une Fuite en Egypte : Saint
Jofeph, la Vierge avec l'Enfant-Jefus affis fur un Ane au paffage
d'un Pont, taillé dans les rocs, fous ce pont ruiffelle une eau qui
tombe des Montagnes : on y remarque des pâtres & oifeaux aquatiques du plus brillant plumage.

HENRI VAN BALEN.

No. 29.   *Peint fur Cuivre, haut* $13\frac{1}{2}$*, large* $19\frac{1}{2}$ *pouces.*

Une Bachanale repréfentant dans un brillant Payfage Bachus en
belle humeur affis fur un Tigre, conduit & accompagné d'un groupe
de Génies, à la fuite defquels fe voit un vieux Satire tenant un
Baffin rempli de Fruits, & d'autres Genies montés fur des arbres,
occupés à en cueillir.

UN PENDANT.

No. 30.   *Peint fur Cuivre, haut* $13\frac{1}{2}$*, large* $19\frac{1}{2}$ *pouces.*

Cette Bachanale repréfente dans un brillant Payfage Bachus à
terre appuyé contre une Urne Bacchique, accompagné de quatre
Génies, dont les uns preffent des Raifins, d'autres foutirent le Vin
du Tonneau & verfent cette Liqueur : fur le devant fe voient une
Bacchante & un Satire couronnés de Pampres, foulevant un Génie,
qui joue du Tambourin & attire par fon jeu l'attention & l'enjoue-
ment des autres Génies; à leurs pieds fe trouvent des Vafes antiques & un Baffin avec des fruits.

JEAN ROTTENHAMER.

No. 31.   *Peint fur Cuivre, haut* 10, *large* 8 *pouces.*

L'Annontiation de la Vierge, Elle reçoit en priere la Salutation
de l'Ange; on voit dans les nues le Pere Célefte environné d'une
gloire d'Anges. Ce Tableau vient du Cabinet du Baron de
Boonhem.

A 4

PIERRE NEEFS.

No. 32.   *Peint fur Bois, haut 19, large 25½ pouces.*

L'intérieur d'une belle & vafte Eglife de la plus riche Archi-
tecture. On y voit porter folemnellement le Viatique à un malade.
Cette piéce eft ornée d'un grand nombre de Figures, peintes par
Franc.

No. 33.   *Peint fur Bois, haut 19, large 25½ pouces.*

L'intérieur d'une Prifon voutée, dans laquelle on voit Saint
Pierre délivrée par l'Ange, dans le fond quelques Soldats endormis
près du feu, qui y répand la lumiere.

No. 34 & 35. *Peints fur Cuivre, hauts 15½, larges 21½ pouces.*

Deux autres intérieurs de Prifons voutées par le même Artifte :
dans l'une fe voit Saint Pierre délivré par l'Ange, dans l'autre Saint
Paul y vifitant les Prifonniers. Les Figures de ces trois piéces font
de *Franc.*

CHRISTOPHE-JEAN VANDER LAENEN.

No. 36.   *Peint fur Bois, haut 30½, large 40½ pouces.*

Ce joli Tableau, connu fous la dénomination du Jardin d'Amour,
eft orné de belles Architectures & Statues & compofé de différens
Groupes de Figures. On y voit entre autres *Rubbens* & fes
Femmes, & *Van Dyck* en attitudes galantes. L'Eftampe en eft
gravé par *L'Empereur* en maniere noire.

DANIEL VAN ALSLOOT.

No. 37.   *Peint fur Bois, haut 40, large 52 pouces.*

Un beau & riche Payfage Montagneux, orné de quantité de Fabriques & Figures, on y remarque l'Ange conduifant Tobie au
bord de la riviere. Le Payfage eft de *Alfloot* & les Figures de *Clerc.*
ANTOINE

ANTOINE SALAERT.

No. 38.   *Peint fur Toile, haut 43½, large 63 pouces.*

Un brillant Payfage, repréfentant fur le devant le Baffin & la Fontaine de Sainte Anne derriere l'Eglife de Laeken près de Bruxelles, & l'Infante Ifabelle avec toute fa Cour y accompagnant la Proceffion de la Vierge.

On remarque fur un fecond plan la belle allée d'arbres qui conduit de cette Eglife vers la Fontaine. Le lointain offre la ville de Bruxelles en Perfpective, & les belles Campagnes qui l'environnent de ce côté. Le nombre de Figures, Chevaux & Voitures dont ce Payfage peint par *Pierre Snayers*, eft orné, eft innombrable.

LUCAS FRANÇOIS.

No. 39.   *Peint fur Toile, baut 15½, large 11½ pouces.*

Le Bufte d'une Villageoife, en habillement blanc & un ferfront de toile fur la tête.

ADAM ELZHEIMER.

No. 40.   *Peint fur Bois, haut 42½, large 7 pouces.*

Un riant Payfage dans lequel fe voit à droite fous un agréable Feuillage l'Ange Conducteur inftruifant Tobie de l'ufage qu'il doit faire du Poiffon, dont il vient de s'emparer; & à gauche une Riviere.

PIERRE-PAUL RUBENS.

No. 41.   *Peint fur Bois, haut 21, large 17 pouces.*

Le Bufte d'une vieille Femme ridée, ayant la tête couverte d'un linge replié, vetue d'une Robe noiratre.

No. 42.   *Peint fur Bois, haut 12½, large 17 pouces.*

Le Portrait d'un Homme de Robe repréfenté à mi-corps qu'on dit être celui de Philippe le Roi, confeiller de Philippe II. il eft vetu d'une Toge, une fraife autour du Col.

No. 43.   *Peint fur Toile, haut* 104, *large* 43 *pouces.*

Cette Piéce Capitale de ce célébre Artifte, repréfente le Couronnement de Sainte Catherine. La Sainte Vierge, vétue d'une Tunique Rouge, y eft repréfentée affife dans un Trône de Verdure tenant l'Enfant Jefus à nud fur fon giron, devant lefquels Sainte Catherine en Robe trainante eft profternée & à genoux fur un Careau de Velours cramoifi, inclinant la tête vers l'Enfant qui la couronne de Lauriers; on voit à droite Sainte Marguerite vétue d'une Robe Lila, tenant le Dragon enchaîné, à côté d'Elle un Ange portant des foudres éteincellantes, on remarque à gauche du Trône Sainte Apolline en habit de Velours noir, dont les replis font doublés de jaune tenant d'une main les inftrumens de fon Martyre, & de l'autre la Palme. Les chevelures & habits de ces Saintes font richement ornés de perles, joyaux & pierres précieufes, plufieurs Anges portent à ces Saintes les Couronnes & Palmes du Martyre.

La belle & riche ordonnance de ce Tableau, fa touche fpirituelle & vigoureufe, fon faire large & fvelte, la magnificence & légereté de fes drapperies, la belle carnation des Figures, qui font de proportion plus que naturelle, retracent dans ce fuperbe Tableau la fupériorité de ce Chef de l'Ecole Flamande & réuniffent dans cette Piéce toute la grandeur & la perfection de fon Art merveilleux & féduifant. Il vient de l'Eglife des Peres Auguftins de Malines, & fe trouve gravé par *P. De Jode.*

FRANÇOIS SNEYDERS.

No. 44.   *Peint fur Bois, haut* 20, *large* 29½ *pouces.*

Ce Tableau frais repréfente une Table garnie de toutes fortes de Poiffons de Mer, & de Riviere & de quelques acceffoires de Cuifine.

No. 45.   *Peint fur Toile, haut* 45, *large* 68 *pouces.*

Une grande Table garnie de Gibier, Volaille, Fruits & Legumes de toute efpéce, on y remarque un Chat convoitant avec avidité le Gibier.

GASPAR DE CRAYER.

No. 46. *Peint fur Toile, haut* 28½, *large* 20½ *pouces.*

Le Portrait d'un Homme vu a mi-corps, tenant un rouleau de Papier en main.

CORNILLE POELENBURG.

No. 47. *Peint fur Cuivre, haut* 5, *large* 7 *pouces.*

Un Payfage avec des ruines & bâtimens anciens, on y voit fur le devant la Veuve de Sarepta ramaffant du bois à qui le Prophete Elie demande du pain.

PIERRE BRONKHORST.

No. 48. *Peint fur Bois, haut* 16½, *large* 14½ *pouces.*

Un Payfage orné de Vafes & Statues antiques, on y remarque fur le devant un Chaffeur avec fon Chien.

JEAN BREUGEL, *dit* DE VELOURS.

No. 49. *Peint fur Cuivre, Diamétre* 8½ *pouces.*

Un très-beau Payfage & vue de l'Efcaut, on y apperçoit dans le lointain de la rive oppofée de cette Riviere une Ville en Perf-pective; fur le devant un Village où plufiéurs Bateaux & Chaloupes de Pecheurs abordent, & débitent leurs Poiffons. Cette Piéce dé-licate eft ornée de quantité de Figures. Elle vient du Cabinet de Mr le Baron de Boonhem.

No. 50. *Peint fur Cuivre, haut* 10, *large* 15 *pouces.*

Le fond de ce joli Tableau du même Artifte offre en gradations un Payfage Montagneux, plus bas une Ville bordée par une Ri-viere, fur le devant des Prairies & Brouffailles, de côté des Chaf-feurs fortant de la Forêt accompagnés de leurs Chiens qu'ils élan-cent dans une plaine.

No. 51.   *Peint sur Toile, haut 8, large 12½ pouces.*

Un beau Payfage & Fête sur l'eau, orné de quantité de Nacelles & Figures.

BREUGEL DE VELOURS et HENRI VAN BALEN.

No. 52.   *Peint sur Bois, haut 22, large 33½ pouces.*

Une Sainte Famille avec des Anges dans un riant Payfage, orné de Fleurs, Fruits, Oifeaux aquatiques & autres Animaux : on voit dans le lointain une chaffe aux Hérons.

No. 53.   *Peint sur Cuivre, haut 16, large 22 pouces.*

Une Sainte Famille avec des Anges dans un beau Payfage, orné de Fleurs de toutes efpéces.

JOOS MOMPER et BREUGEL.

No. 54.   *Peint sur Toile, haut 53½, large 81 pouces.*

Un beau Payfage Montagneux, on y découvre dans un jour brillant une grande étendue de Montagnes & Colines, entrecoupés de Rivieres & Ruiffeaux, il eft orné fur le devant de brouiffailles & abattis d'arbres; au milieu on voit à la fortie d'une Forêt une grande route fréquentée par des Voyageurs & des Chariots, de côté un petit pont.

No. 55.   *Peint sur Toile, haut 55, large 73 pouces.*

Une Fête de Village par les mêmes Artiftes : on y découvre d'un côté le Clocher & les Maifons du Village; devant lefquelles un grand nombre de Payfans & Payfannes fe divertiffent; de l'autre côté une Riviere que des Nacelles chargées de Figures defcendent & traverfent, le lointain préfente des fites montagneux.

CORNILLE SCHUT.

No. 56. *Peint sur Cuivre, haut 23½, large 16½ pouces.*

Le Martyre de Saint Laurent. Ce Tableau se trouve gravé à
l'eau forte par le même Artiste.

No. 57. *Peint sur Cuivre, haut 19, large 26 pouces.*

L'Apparution du Seigneur à la Vierge & aux Patriarches du
Limbe.

PIERRE SNAYERS.

No. 58. *Peint sur Toile, haut 45, large 33 pouces.*

Cette Piéce repréfente le Tronc d'un vieux chêne : au bas de
l'Arbre se voit un nid d'oifeaux avec cinq œufs, plufieurs Fruits,
un herifon & autres animaux & infectes.

No. 59.

Une Bataille par le même, on y voit le Fort de la Méléę.

CORNILLE DE WAEL.

No. 60. *Peint sur Bois, haut 16. large 29 pouces.*

Le débarquement de Charles V. & fa réception dans un Port de
Mer : on y voit un grand nombre de Vaiffeaux & Galeres.

LUCAS VAN UDEN.

No. 61. *Peint sur Toile, haut 46, large 67 pouces.*

Un Payfage très-agréable, on y voit fur le devant à la fortie d'une
Forêt des Vaches s'abreuvant dans une mare d'eau ; à côté fur un
grand chemin deux Laitieres accompagnées d'un Moiffonneur,
le lointain offre des fites de bois, on y remarque en l'air un
Arc-en-Ciel.

No. 62.   *Peint fur Bois, haut 23, large 33 pouces.*

Un Payfage agréable orné de Figures & Fabriques, on voit à côté d'un chemin bordé d'arbres un étang ou piéce d'eau.

No. 63.   *Peint fur Bois, haut 16, large 25 pouces.*

Un riant Payfage orné de Figures & Animaux, on y découvre dans le lointain une Ville.

No. 64.   *Peint fur Bois, haut 10, large 16½ pouces.*

Un Payfage dans lequel fe voit un Saint en priere & un Ange lui portant une Couronne de Fleurs.

No. 65.   *Peint fur Toile, haut 43, large 68 pouces.*

Un grand & vafte Payfage orné de Figures & Bétail. On y apperçoit dans le fond une grande Ville & une vafte étendue de Campagnes. Sur le devant une Route fréquentée par plufieurs Chariots & Payfans, de côté fur une élevation de terrain quelques Maifons.

VAN UDEN ET VAN BAELEN.

No. 66.   *Peint fur Cuivre, haut 12½, large 9½ pouces.*

Un Payfage dans lequel fe voient Saint François de Paule & une autre Sainté de fon ordre recevant le Blafon de la charité de l'Enfant Jefus, foutenu par la Vierge dans un nuage, environnée d'une gloire d'Anges.

VAN UDEN ET MICHAU.

No. 67 & 68.   *Peints fur Bois, hauts 10, larges 13 pouces.*

Deux Brillants Payfages, l'un repréfentant un Eté, l'autre un Hiver, ornés de quantité de Figures & de Patineurs.

No. 69 & 70. *Peints sur Bois, hauts 10, larges 13 pouces.*

Le premier de ces Tableaux repréfente un beau Payfage avec une vue de Riviere, orné de Figures & Bétail; le fecond un autre brillant Payfage dans lequel on voit à droite fous l'ombrage de quelques Arbres des Payfans qui fe répofent & de côté un Château avec un Jardin bien arrangé.

LENARD BRAMER.

No. 71. *Peint fur Bois, haut* $13\frac{1}{2}$, *large* 20 *pouces.*

Ce Tableau, peint dans le goût de *Rembrant*, repréfente l'Adoration des Mages dans l'étable de Bethléem; on y voit l'Enfant Jefus couché dans une mauvaife crêche & à côté toutes les uftenciles de Campagne.

JEAN VAN GOYEN.

No. 72. *Peint fur Bois, haut* 15, *large* 22 *pouces.*

Un Payfage & vue de Riviere avec Figures, Bateaux & Nacelles. Ce Tableau fe trouve gravé par *Spruyt.*

No. 73. *Peint fur Bois, haut* 11, *large* $16\frac{1}{2}$ *pouces.*

Une Marine ornée de plufieurs Vaiffeaux & Cagues.

No. 74. *Peint fur Bois, haut* 16, *large* $12\frac{1}{2}$ *pouces.*

Une autre belle Marine du même Artifte ornée de Vaiffeaux, Chaloupes & Figures, on y voit de côté une Citadelle & plufieurs Bâtimens.

No. 75. *Peint fur Bois, haut* $14\frac{1}{2}$, *large* $19\frac{1}{2}$ *pouces.*

Une belle vue de Riviere. On y découvre dans le fond la Ville de La Haye, de côté un Moulin-à-Vent, & plufieurs Vaiffeaux & Nacelles de toute efpéce remontant & defcendant la Riviere.

No. 76. *Peint fur Bois, haut 14½, large 19½ pouces.*

Une autre vue de Riviere : fur un de fes rives on voit le Château de Lowenftein, & plufieurs Vaiffeaux & Bateaux fous voiles.

ANTOINE VAN DYCK.

No. 77. *Peint fur Toile, haut 46½, large 57 pouces.*

Ce Tableau précieux repréfente la guérifon du Paralitique. On y voit de côté un Payfage agréable, fur le devant Jefus-Chrift avec un de fes Difciples parlant au Paralitique : Le Paralitique eft en Chemife, fon corps décharné à demi découvert, la tête ceinte d'un bandeau de Toile, tenant fur le bras la couverture de fon Lit. Il femble expliquer à Jefus-Chrift fes fouffrances & infirmités & lui en demander la guérifon, derriere lui font deux perfonnages qui l'accompagnent & fixent avec attention & confiance le Sauveur.

Les Figures au nombre de cinq font de proportion naturelle & vues jufques aux genoux.

Cette Piéce fupérieure eft connue fous la dénomination du furge tolle grabatum, elle vient du Cabinet de feu Mr Robyns, & y a été placée pour être de *Rubens*, l'Eftampe en eft gravée par *P. de Jode.*

JEAN WYNANTS.

No. 78. *Peint fur Toile, haut 14, large 17½ pouces.*

Un Payfage clair & de plus agréables. On y voit fur le devant prés d'une Mare d'eau quelques Brouffailles, & deux Chaffeurs avec leurs Chiens; on remarque à la droite un chemin fabloneux qui va en montant vers un Bois environné de Paliffades, & dans le lointain un Payfage Montagneux.

No. 79. *Peint fur Toile, haut 14, large 17½ pouces.*

Ce Pendant repréfente un autre Payfage agréable. On y remarque fur le devant quelques Troncs d'arbres, des Herbes & Plantes, un Homme à Cheval avec fes Chiens. Dans un fecond plan une Riviere ; le lointain fe termine par des fites montagneux. Les Eftampes de ces deux Tableaux font gravées par *T. M. Mufculus.*

REMBRANT VAN RYN.

No. 80.   *Peint fur Toile, haut* 46½, *largé* 37 *pouces.*

Le Portrait de ce Peintre peint par lui-même : il s'y eft repréfenté en Porte-Enfeigne cuiraffé, à larges culottes & avec une Echarpe, tenant un Drapeau déployé, il a un chapeau à plumet & rabatu fur la tête. L'Eftampe en eft gravée en maniere noire par *P. Lauw.*

ABRAHAM VAN DIEPENBEECK.

No. 81.   *Peint fur Bois, haut* 25, *large* 19 *pouces.*

Une belle Efquiffe repréfentant l'apparution du Seigneur à la Vierge & aux Patriarches des Limbes.

No. 82.   *Peint fur Bois, haut* 25, *large* 19 *pouces.*

Une autre belle Efquiffe par le même, repréfentant l'Affomption de la Sainte Vierge à la vue des Apôtres.

JEAN LIEVENS.

No. 83.   *Peint fur Bois, haut* 27½, *large* 21 *pouces.*

Un beau Portrait d'Homme repréfenté à mi-Corps, vétu à l'Efpagnol, une Fraife autour du Col.

GERARD TERBURG.

No. 84.   *Peint fur Toile, haut* 26½, *large* 21 *pouces.*

L'intérieur d'une Chambre dont la porte eft entreouverte; dans le fond on voit un lit verd foncé, fur le devant une jeune Dame gracieufe, à cheveux blonds treffés à la Hollandoife, vétue d'un

Cafaquin de Satin cramoify bordé d'hermines & d'une Jupe de
Satin blanc garnie de refaux d'or, affife devant une Table couverte
d'un Tapis verd, fur laquelle eft pofé un livre de Mufique ouvert;
elle prend leçon de la Guitare, à côté d'elle fe trouve fon Maître
en Habit noir une large Cravatte de Moufleline au Col., battant
la mefure : fur la table eft placée un grande Baffe, à gauche fur
le devant un bel Epagneuil eft endormi fur une chaife verte.

ADRIEN BRAUWER.

No. 85.   *Peint fur Bois, haut 8, large 11½ pouces.*

'Une très-belle Tabagie compofée de fept Figures. On y voit fur
le devant deux fumeurs près d'une Table de Bois, fur laquelle un
Payfan appuyé de fes coudes eft endormi, derriere lui un autre
embraffe & careffe fon Enfant, fur un plan plus éloigné on remarque deux Payfans faifant la converfation. Ce charmant Tableau eft
de plus orné de plufieurs acceffoires analogues au fujet & de la plus
naïve vérité.

JOSEPH CRAESBEECK.

No. 86 & 87. *Peints fur Bois, hauts 19½, larges 25½ pouces.*

Ces deux Tableaux d'un genre peu commun à ce Maître, repréfentent les fept Œuvres de Miféricordes : dans le premier font
repréfentés les trois premiers, & dans le fecond les quatre autres
Œuvres de Miféricorde.

No. 88.   *Peint fur Bois, haut 20, large 25½ pouces.*

Une belle Tabagie compofée de plufieurs Figures fe réjouiffant
à Table, fur le devant on voit une Brouette chargée de différentes
fortes de Legumes. Le Portrait de ce Peintre fe trouve parmi les
convives.

HERMAN ZACHTLEVEN.

No. 89.   *Peints fur Bois, hauts 9, larges 13½ pouces.*

Deux prefqu'Ifles, ornées de Fabriques & Figures.

JEAN ASSELYN, *dit* CRABET-JE.

No. 90.   *Peint sur Toile, haut 26½, large 32 pouces.*

Un très-beau Paysage environné de Rochers, on y remarque à droite un coulant d'eau passant sous les Rocs, qui forment un Pont, sur un second plan des Bâtimens à l'Italienne, au-devant plusieurs Enfans jouant au Collin Maillard, de l'autre côté des Vaches & Moutons & un Homme appuyé sur son Ane observant les jeux des Enfans & riant à gorge déployée.

DAVID TENIERS.

No. 91.   *Peint sur Toile, haut 54½, large 78 pouces.*

L'intérieur d'un Roc, on y voit devant l'ouverture d'une grotte les premiers Hermites Saint Paul & Saint Antoine en conversation, un Corbeau leur porte du pain.

No. 92.   *Peint sur Toile, haut 32½, large 66½ pouces.*

Une Moisson. On y voit au devant de ce Tableau dans une belle & vaste Campagne plusieurs Moissonneurs occupés à couper les Grains. Dans le lointain une nuée d'orage fondre sur un Village voisin, dont on découvre le clocher. On remarque à gauche quelques Maisons devant lesquels des Paysans rafraichissent.

No. 93.   *Peint sur Toile, haut 49, large 99 pouces.*

Ce beau Tableau de cet agréable Artiste représente d'un côté le Château de Teniers, entouré d'eau & de haies de charmille, situé sous Grimberghe près de Vilvorde, nommé les trois Tourettes, & à gauche la Maison de son Jardinier dont on voit la Femme à la porte, à quelques pas de là se présente ce Jardinier la beche à la main invitant Teniers & sa Femme d'entrer chez lui, près d'eux est un grand levrier qui guette des cignes. L'Estampe en est gravée par *J. L. Krafft.*

No. 94. *Peint fur Toile, haut. 45½, large 79½ pouces*

Dans ce clair & brillant Payfage. on voit à droite fur une Montagne un ancien Château, & un Berger gardant fon troupeau, au bas une Riviere où plufieurs Payfans s'occupent à la pêche, pendant que d'autres entonnent les Poiffons; à droite fe remarque une Maifon Villageoife & un groupe de cinq Payfans, quelques-uns affis fur des tonneaux devant une table de bois, d'autres débout & attentifs au difcours d'un Vieillard, qui femble les intéreffer; fur le premier plan on voit plufieures uftenciles de menage, & à la porte de la maifon une femme qui leur porte à manger. On remarque dans le lointain le Clocher du Village & des raions d'un Soleil pluvieux, attirant les vapeurs de la terre.

Ce Tableau argentin vient du Cabinet du Comte d'Oudenarde.

No. 95. *Peint fur Toile, haut 55, large 45½ pouces.*

Un beau Payfage Montagneux, on y voit fur une grande élevation une Maifon ruftique, au bas un Berger affis jouant du Flageolet & gardant un Troupeau de Moutons, de Vaches & de Boucs. On remarque dans le lointain quelques fabriques. Ce joli Tableau eft connu fous la denomination du Berger content.

No. 96. *Peint fur Toile, haut 29½, large 23 pouces.*

Un autre très-beau Payfage : on y remarque dans le fond un grand Pont à plufieurs arches, à travers defquelles on decouvre une vafte plaine, fur le devant un Berger en répos gardant fes Moutons & quelques Vaches.

No. 97. *Peint fur Toile, haut 39, large 43 pouces.*

Un Hiver, on y voit tomber la neige à gros floccons, couvrir les toits & la Campagne & charger les arbres. Cette Piéce, ornée de plufieurs Figures, depeint au naturel les rigeurs de cette faifon. Elle vient du Cabinet du Comte d'Oudenarde.

No. 98. *Peint fur Bois, haut 16, large 25½ pouces.*

Un Payfage agréable. On y voit au devant un joli groupe de quatre Figures, le lointain préfente des fites Montagneux.

N⁰. 99. *Peint fur Cuivre, haut 18½, large 25 pouces.*

Cette Piéce, auffi rare dans le genre de ce Maître que magnifique, eft peinte en 1644 & repréfente dans l'intérieur d'une
chambre un Corps-de-Garde de Payfans, armés du tems des guer-
res des Pays-Bas, ils font au nombre de neuf. Cette chambre reçoit en partie la lumiere par une fénétre vitrée, qui fe trouve
au deffus de la porte, en partie par l'ouverture de la porte
même, & de l'autre côté de la reverberation du feu de la cheminée. Sur le devant on voit un groupe de quatre Figures, dont
l'un qui paroît être le Chef de la troupe, vetu d'une foubrevefte
de buffle, l'écharpe autour du corps, un chapeau à plumet fur la
tête, botté & éperonné, s'occupe à jouer aux cartes avec un fu-
balterne; deux autres obfervent leur jeu : à droite fur le devant
font placés un drapeau, tambour, & quelques armures, & à gauche un manteau écarlatte, une belle felle garnie en Velours cramoifi plufieurs cuiraffes, cafques & autres attirails de guerre : dans
un fecond plan deux Payfans font la converfation près de la cheminée & on voit à la porte de la chambre un Sergent la Hallebarde
à la main, donnant quelques ordres à deux Payfans.

No. 100. *Peint fur Toile, haut 34½, large 47 pouces.*

Une tempête fujet rare & unique de cet Artifte. On y voit fous
un Ciel orageux & une brume épaiffe une Mer fortement agitée,
dont les vagues fe brifent avec violence contre les pointes avancées
des Rochers fur le fommet defquels eft bâtie une citadelle, dans
un fecond plan on découvre deux Galeres à pleines voiles; fur le
devant un Vaiffeau brifé contre les Rochers & coulant à fond, dont
les Matelots fe fauvent à la nage & font fecourus par quelques
perfonnes qui fe trouvent aux pieds de ces Rochers. Ce Tableau
fe trouve gravé par *J. L. Kraft.*

No. 101. *Peint fur Bois, haut 14½, large 23½ pouces.*

Une belle Tabagie où font placés deux groupes de Matelots,
l'un compofé de cinq qui fument & boivent, les uns affis, les

autres debout; la moitié d'un tonneau leur sert de Table. L'autre groupe sur un plan plus éloigné est composé de fumeurs & de gens qui jouent aux cartes près d'une cheminée.

Ce Tableau a été gravé par *Chenu* sous le titre les Amusements des Matelots, il vient du Cabinet du Comte de Vence & se trouve dans le Catalogue de la Vente sous le Nombre 59.

No. 102. *Peint sur Bois, haut 14, large 12 pouces.*

Un Magicien dans son grabat, tirant des horoscopes on y voit tous les attributs de la Magie, plusieurs Spectres & attirailles du Sabat.

No. 103. *Peint sur Toile, haut 11½, large 17½ pouces.*

Un petit Paysage. On y voit près d'une Fontaine un Berger gardant son troupeau. Ce Tableau est gravé par *J. L. Kraft.*

ADRIEN VAN OSTADE.

No. 104. *Peint sur Bois, haut 24½, large 27½ pouces.*

Une belle Fête de Village. Dans le fond de ce Tableau se voit l'Eglise & Clocher du Village environnée de Maisons & Chaumieres, un peu plus avant vers le milieu se présente un bel arbre sous lequel une Villageoise se répose, sur le devant on remarque aux portes des Maisons & dans des Guinguettes des buveurs & fumeurs, vers la gauche des Paysans jouant aux quilles, & d'autres qui s'intéressent aux joueurs.

GUILLAUME VAN DE VELDE.

No. 105. *Peint sur Bois, haut 12, large 14 pouces.*

Un eau calme. On y voit sur le devant plusieurs Vaisseaux à l'ancre, & une Chaloupe de Pêcheurs sur un Banc de Sable à basse marée, le lointain offre une perspective brillante.

No. 106. *Peint fur Toile, haut 9, large* $11\frac{1}{2}$ *pouces.*

Une Mer agitée ornée de quantité de Bateaux & Chaloupes avec Figures.

CORNILLE ZAFTLEVEN.

No. 107. *Peint fur Bois, haut 18, large 26 pouces.*

L'Intérieur d'une Maifon de Payfan. On y voit fur le devant toutes les uftenciles de menage en Bois & Cuivre & plufieures fortes de legumes éparpillées ; de côté fe remarque à demi jour près d'une Table fervie une Famille Villageoife difant le Benedicite , ces Figures font de *Heemskerck*.

JACQUES ARTOIS et TENIERS.

No. 108. *Peint fur Toile, haut, 50 large 59 pouces.*

Un très-beau Payfage. On y remarque dans le fond fur une élevation ou teraffe un ancien Château, & *Teniers*, qui s'y eft peint lui-même, donnant des ordres à un Jardinier, au bas fur le devant on voit un Berger conduifant fon Troupeau de Moutons à la pature & un Vieillard chargé d'un fac accompagné d'un Chien, de côté près d'un grand & bel arbre, une riviere, dans le lointain un Payfage touffu.

GERARD DOUW.

No. 109. *Peint fur Bois, haut 9, large 6 pouces.*

Ce rare & précieux Tableau repréfente dans une niche une jeune Fille s'appuyant le bras droit fur un fceau de cuivre jaune avec lequel on va au marché, & dans lequel on voit des Legumes & Herbes Potageres, le bras gauche eft pofé fur l'épaule d'un jeune Garçon vétu de brun qui tient de la main gauche un pot à moineau, ils regardent tous deux avec beaucoup de fatisfaction une cage qui pend dans la niche. On voit dans l'intérieur de la chambre un luftre fufpendu & fur le devant un rideau verdatre retrouffé ;

le piedeftal de la niche eft un bas-rélief en grifaille repréfentant des jeux d'Enfants.

Ce charmant Tableau connu en Hollande fous la denomination du Muffche Pot-je, vient du Cabinet du Comte de Waffenaer, & fe trouve dans le Catalogue fous le Numero 21.

BONAVENTURE PEETERS.

No. 110. *Peint fur Bois, haut 11, large 17½ pouces.*

Une Mer agitée : on y voit des Galeres & Chaloupes, & dans le fond le Château Dauphin en Portugal.

No. 111. *Peint fur Bois, haut 16½, large 28 pouces.*

Une prefqu'Ifle & Port de Mer ornée de plufieurs Galeres, Vaiffeaux & Chaloupes, on y voit au milieu des eaux une Ville, vers laquelle des vaiffeaux font voiles.

BERTHOLET FLEMAEL.

No. 112. *Peint fur Toile, haut 67½, large 98½ pouces.*

La défaite & la mort de Sifara, qu'on voit affaffiné au milieu du Camp dans la Tente de Jaël, qui eft environnée de quantité de Guerriers en attitudes d'admiration du courage de cette Femme.

DAVID RYCKAERT.

No. 113. *Peint fur Toile, haut 35, large 45 pouces.*

L'intérieur d'une Maifon de Payfan. On y voit fur le devant toutes les uftenciles de ménage tant en Bois qu'en Cuivre, quelques Legumes, un Homme qui remue un Tonneau, près de lui un jeune Enfant endormi, à qui la Mere porte une écuelle de bouillie.

No. 114. *Peint fur Toile, haut 35, large 45 pouces.*

Ce Tableau, qui peut fervir de Pendant au précédent, repréfente un autre intérieur de Maifon de Payfan, & au-devant toutes les
uftenciles

uftenciles de menage, on y voit à côté un Vieillard portant un panier; au bas des Moutons & Cochons, on découvre dans le lointain un clocher de Village.

No. 115. *Peint fur Bois, haut 21, large 26½ pouces.*

Une Tabagie. On y voit au-devant du Tableau un fumeur fomeillant & à demi endormi, de côté près d'une cheminée une Femme & quelques Payfans faifant la converfation.

No. 116. *Peint fur Bois, haut 21, large 26½ pouces.*

L'intérieur d'une Chambre dans laquelle fe voit un Homme jouant de la Mandoline, derriere lui une Femme s'amufe à l'écouter; dans le fecond fond on remarque des fumeurs près de la cheminée.

Ces deux Tableaux agréables viennent du Cabinet du Comte d'Oudenarde.

No. 117. *Peint fur Bois, haut 20, large 31½ pouces.*

Ce joli Tableau peint en 1637 repréfente l'intérieur d'une Maifon de Payfan; on y voit d'un côté tous les uftenciles de menage tant en Bois qu'en Cuivre, de plus une Brouette remplie de Legumes de toutes efpéces, au bout d'une Table un Dindon plumé, & un Chat endormi fur un panier; de l'autre côté on remarque deux fumeurs rendant la fumée du tabac qu'ils fument, au milieu une Poule avec fes Pouffins. On apperçoit par l'ouverture de la porte dans le lointain fous un Soleil couchant un très-joli Payfage.

GABRIEL METZU.

No. 118. *Peint fur Toile, haut 42½, large 35 pouces.*

Dans le fond de ce Tableau on apperçoit un Jardin, borné au-devant par une baluftrade, fur laquelle fe trouvent arrangés différens arbriffeaux & Figures de pierre. Au-devant près d'une fenêtre vitrée & ouverte on voit fur une Table tapiffée un plat de faïance & une petite cruche à Vin; fur une chaife des inftrumens & papiers

de mufique; & fur la largeur de la fenêtre un baudrier & épée antique; derriere cette Table un Homme vêtu de noir préfente un ver
de Vin, & fait la converfation avec une Femme en habit écarlatte:
on remarque dans une Maifon de côté deux perfonnes à la fenêtre
qui les obfervent attentivement.

JEAN-PHILIPPE VAN THIELEN.

No. 119. *Peint fur Bois, haut* 29½, *large* 49 *pouces.*

Un Payfage clair & agréable, on y voit l'Ange accompagnant
Tobie.

CORNILLE BEGA.

No. 120. *Peint fur Bois, haut* 16, *large* 14½ *pouces.*

Un Payfage avec quelques Maifons, près d'une defquelles on voit
une Famille Villageoife, compofée de fix Figures fe chauffer au
couchant du Soleil près d'un feu léger de paille. Ce Tableau vient
du Cabinet du Baron de Boonhem.

PHILIPPE WOUWERMANS.

No. 121. *Peint fur Toile, remis fur Panneau, haut* 22½, *large*
20 *pouces.*

Vue intérieure d'une Ecurie de Campagne, elle eft ouverte en
plein air & tient à une Maifon laterale par une Arcade; on y remarque au milieu un Cavalier monté fur un Cheval blanc payant
le Valet d'Ecurie, à côté un Palfrenier tenant un Cheval brun-bay,
pendant que le Cavalier qui doit le monter, eft occupé à mettre
fes bottes, on diftingue vers la gauche deux Chevaux qui mangent
au ratelier, un autre qu'on conduit fellé, & à droite un Valet ra-
menant des Chevaux à lefte.

No. 122. *Peint fur Bois, haut* 15½, *large* 19 *pouces.*

Ce précieux Tableau, & du premier choix de cet Artifte, repréfente d'un côté un Port de Mer, & un Quay où on s'occupe à

décharger des Marchandifes. On y voit fur le devant un Cheval blanc attendant fa charge, un autre brun-bay chargé, un peu plus avant un ballot de Marchandifes fur une claye, tirée par un Cheval pomelé, grimpant un hauteur ; le conducteur anime le Cheval, pendant qu'un autre le foulage, en pouffant le ballot du derriere : fur un fecond plan on voit fur une élévation une guéritte & des Soldats ou gens armés & cuiraffés, un Mulet chargé, le conducteur qui le décharge, un portefaix grimpant une échelle & portant un ballot dans un grenier de Magazin, le lointain offre une belle Marine garnie de plufieurs Vaiffeaux fous voiles.

BARTHOLOMÉ BREENBERG.

No. 123.   *Peint fur Bois, haut* 7½, *.large* 15 *pouces.*

Un très-beau & clair Payfage avec des Fabriques & ruines anciennes & plufieurs Figures.

JEAN ET ANDRÉ BOTH.

No. 124.   *Peint fur Toile, haut* 46, *large* 62½ *pouces.*

Un riche Payfage Montagneux, on y voit à droite des Rochers, Brouffailles & coulants d'eau, fur le devant des Mulets chargés avec leurs conducteurs, grimpant des chemins taillés dans les rocs, dans le lointain des Fabriques.

No. 125.   *Peint fur Toile, haut* 42½, *large* 40 *pouces.*

Un très-beau Payfage Montagneux, on y découvre fous un Ciel échauffé & brulant plufieurs gradations & fites Montagneux garnis de Brouffailles, dans le fond une Riviere, fur le devant une Charette attelée de deux Buffles, des Pâtres conduifant des Vaches, & des Voyageurs prenant le répos. On trouve ce Tableau gravé à l'eau forte par le même Artifte.

No. 126.   *Peint fur Toile, haut* 32½, *large* 42½ *pouces.*

Ce brillant Payfage, qui peut fervir de Pendant au précédent, offre

également fous un Ciel clair & brulant plufieures gradations & fites
Montagneux avec des ooulants d'eau; on y remarque fur le devant
un Homme affis fur un Mulet dans une mare d'eau, accompagné
d'un Pieton avec qui il femble faire la converfation, plus avant
une charette attelée de deux Buffles defcendant les Montagnes.
Dans le fond plufieurs de ces fites Montagneux forment les plus
brillants points de vue.

No. 127.   *Peint fur Toile, haut* 29, *large* 23 *pouces.*

Un Payfage d'Italie, orné d'un grand nombre de Bétail, de
Pâtres & Fabriques.

JEAN-BAPTISTE WEENINX.

No. 128.   *Peint fur Toile, haut* 41, *large* 37 *pouces.*

Ce Tableau précieux repréfente dans un beau Payfage garni de
fleurs & arbuftes, un beau & grand Liévre mort, fufpendu par
les pattes de derriere à un arbre, au bas un Cocq de fefant & plufieures efpéces de fruits tels que Peches, Raifins & Prunes, à côté
fe voit un Couteau à manche de cornes. Le fite fe termine par
un coulant d'eau & plufieurs Chaffeurs pourfuivant un Cerf.

ADAM PYNACKER.

No. 129.   *Peint fur Toile, haut* 27, *large* 23 *pouces.*

Un brillant Payfage Montagneux, fur le devant on remarque
vers la droite un grand Taureau debout & embaraffé avec les cornes entre les brouffailles, il eft tout à fait à l'ombre, excepté
qu'une partie du derriere de cet animal & le fond du Payfage fe
trouvent éclairés par un raion du Soleil, ce qui produit un effet
naturel & agréable, à côté de ce Taureau fe voit une Chévre dans
une mare d'eau, & fur un fecond plan une Bergere & un Pâtre
gardant du Bétail.

GERBRANT VAN DEN EECKHOUT.

No. 130.   *Peint fur Toile, haut* 43, *large* 48½ *pouces.*

Ce Tableau fuperieurement peint dans le clair obfcur repréfente l'intérieur d'une Chambre, dans laquelle la Famille de Jacob, composée de quinze Figures, se trouve rassemblée : on y voit sur le devant une Table tapissée, devant laquelle le vieux Patriarche est assis, la Mere a les coudes appuyés sur la Table & fixe avec attention son Fils Joseph, au bas sur un gradin est assise sa jeune Sœur Dina ; Joseph richement vétu est debout devant son Pere & y expose & raconte ses Songes, ses Freres forment dans un second plan plusieurs groupes : leurs attitudes différentes désignent l'intérêt qu'ils prennent à l'exposition des songes de leur Frere.

NICOLAS BERCHEM.

No. 131. *Peint sur Toile, haut* 12, *large* 10 *pouces.*

Un très-beau Paysage orné de cinq Figures, de quelques Vaches, Moutons & Chévres. On y voit sur le devant une Femme s'apprettant à traire une Chévre faisant la conversation avec une autre, qui porte un pannier de carottes sur la tête. On remarque plus avant une Fille qui trait un Vache, pendant qu'un Paysan, appuyé nonchalamment sur la Vache lui parle, dans le fond se présente sous un Ciel clair & serain une vaste plaine terminée par des Montagnes.

No. 132. *Peint sur Toile, haut* 19, *large* 15½ *pouces.*

Un retour & halte de chasse vers le soir. Au devant de ce Tableau on voit un Cavalier sur un cheval blanc, & une Dame à chapeau panaché sur un Cheval brun bay s'arrêtant devant une Auberge. Le Cavalier tient un ver de vin rouge en main & semble faire la conversation avec l'Hôtesse, tenant une bouteille, ils sont accompagnés de plusieurs chiens de chasse, on y remarque à gauche un groupe de buveurs dans une Guinguette.

No. 133. *Peint sur Bois, haut* 18, *large* 16½ *pouces.*

Un Retour & repos de Champs. Dans le fond de ce riche Tableau, qui peut servir de Pendant au précédent, on voit sur différens plans d'élévations des Bâtimens rustiques, plus avant une charette chargée avec fon Conducteur, de côté une efpéce d'écurie ou grange ouverte, un cheval blanc attelé à la charrue y mange au ratelier, à côté un Homme à Cheval reçoit d'un autre un ver de Liqueur; fur le devant fe remarque à gauche un Vieillard accablé de laffitude, affis fur une pierre, portant de la main fon mouchoir à une plaie de la tête, pendant qu'une Villageoife, accompagnée d'un enfant lui verfe à boire, au bas un chien auffi las que fon Maître.

J E A N   F Y T.

No. 134. & 135. *Peints fur Toile, hauts 33, larges 43½ pouces.*

Ces deux Tableaux repréfentent plufieurs efpéces de Fruits, de Gibier & des attributs de chaffe.

F R A N Ç O I S   D U   C H A T E L.

No. 136. *Peint fur Toile, haut 30, large 24 pouces.*

Un joli portrait d'une Dame en Mantelet de toilette de taffetas blanc noué de Rubans rouges. Elle a fur la tête un petit chapeau noir à plumet frifé, les cheveux de côté flottans, & treffés du derriere, entremelés de perles.

No. 137. *Peint fur Toile, haut 28½, large 20½ pouces.*

Ce Tableau, qui fert de pendant au No. 48, repréfente le Portrait d'une Princeffe d'Orange, elle tient en mains un Bouquet de Fleurs d'Orange.

G I L E S   T I L B O U R G.

No. 138. *Peint fur Toile, haut 47, large 65½ pouces.*

Une Brafferie de Village, ornée de plufieures Figures: on y voit fur le devant du Tableau des Fendeurs de bois.

No. 139. *Peint fur Toile, haut 43, large 53 pouces.*

Une Fête de Village. On y voit plufieures Maifons Villageoifes

près defquelles eft dreffée une longue table, fervie de plufieurs
mets à laquelle fe trouve une quantité de convives des deux fexes,
à gauche une autre Table de buveurs : le fond fe termine par
un Payfage agréable.

No. 140. *Peint fur Toile, haut* $52\frac{1}{2}$, *large 80 pouces.*

Une Affemblée de Peintres contemporains de cet Artifte, compofée de douze Figures. On y voit dans une grande Sale plufieurs
Tableaux de différens Maîtres, entre autres fur une chaife pofée
dans fon jour un Tableau à Fruits & Poiffons, & au bas un Payfage, fur lefquels ils femblent porter leur jugement.

No. 141. *Peint fur Toile, haut* $25\frac{1}{2}$, *large 39 pouces.*

Un Payfage. On y voit de chaque côté d'une rue ou chemin
une Maifon & devant la premiere un Payfan allumant fa pipe a
du feu qui fe trouve dans un pot de terre fur un Tonneau, près
de lui eft un buveur. Au bas près du Tonneau des Linges & autres acceffoires: près de la maifon de la gauche on remarque deux
Villageoifes occupées à laver.

JEAN VAN KESSEL.

No. 142. & 143. *Peints fur Bois, hauts 4, larges 6 pouces.*

Deux petits Tableaux repréfentants des Souris & quelques
Infectes.

No. 144. *Peint fur Bois, haut 13. large 17 pouces.*

Un Bouquet de Fleurs dans une Bouteille, des Papillons &
autres Infectes peints d'après nature.

JACQUES VANDER ULFT.

No. 146. *Peint fur Bois, haut* $12\frac{1}{2}$, *large 20 pouces.*

Cette belle & riche ordonnance repréfente une Fête, qui fe fai-
foit annuellement à Rome en mémoire d'un Bouclier, que ce peu-
ple prétendoit lui avoir été envoyé du Ciel par une faveur toute

particuliere. Ce grand Maître repréſente cette **Cérémonie** dans
une grande place de Rome. On y voit deux jeunes Garçons couronnés de Lauriers, qui portent en triomphe ce Bouclier ſuivis
de Prêtres & jeunes gens des deux ſexes au ſon de différentes
ſortes d'inſtrumens. On y remarque un grand nombre de Specta-
teurs & gens de guerre. Ce Tableau eſt de plus orné de Palais, de
Temples & de Statues; le fond ſe termine par des Montagnes.

JEAN HENRI ROOS.

No. 146. *Peint ſur Toile, haut 39 large 46½ pouces.*

Un beau & riche Payſage, avec des ruines antiques. On y voit
à droite une Vache debout & un Bœuf avec quelques Boucs &
Moutons dans une mare d'eau & à gauche d'autres Moutons couchés près de quelques debris d'Architecture. Sur un ſecond plan
on apperçoit un Berger & une Bergere avec des enfants regar-
dant les Ruines de l'ancien Palais de la Sibille Tiburtine taillé
en Bas-relief, qui ſe trouve près de la Ville de Tivoli qu'on
voit de côté; le lointain ſe termine par des hautes Montagnes.

No. 147. *Peint ſur Toile de mêmes hauteur & largeur que le précédent.*

On voit dans ce brillant Payſage, qui ſert de Pendant au précédent, à gauche & ſur le devant des Moutons couchés & des Boucs
debout. A droite un grand & beau Bœuf broutant l'herbe, derriere lui un autre Bœuf couché. Sur un ſecond plan une Femme
ſoulevant un enfant, qui tend les mains vers un petit Agneau
qu'un Berger lui préſente. Un peu plus avant on apperçoit les
Ruines du Tombeau des Horaces près d'Albano & dans le lointain un Payſage agréable. Ces deux Tableaux viennent du Cabinet de Mr. du Freſne & ſe trouvent dans le Catalogue ſous les
Numero 339. & 340.

FREDERIC MOUCHERON.

No. 148. *Peint ſur Bois, haut 14½ large 13. pouces.*

Un Payſage marecageux avec des Bâtimens Fabriques & Coulants

iants d'eau orné de plufieurs animaux. Ce Tableau vient du Cabinet du Baron De Boonhem.

ANTOINE - FRANÇOIS VAN DER MEULEN.

No. 149. *Peint fur Bois, haut 10½, large 15 pouces.*

Un Choc de Cavalerie. On y voit à droite quèlques Cavaliers en deroute, à gauche plufieurs chevaux & Cavaliers tués & bleffés, le lointain offre un vafte Payfage avec des Fabriques.

No. 150. *Peint fur Bois, haut 19, large 38½ pouces.*

Une Deroute d'armée ; on y voit à droite un corps de Cavalerie en fuite, plufieurs Cavaliers & chevaux tués fur le champ de bataille , vers la droite. d'autres qui pourfuivent les fuiards, le lointain offre une vafte plaine.

No. 151. *Peint fur Toile, haut 25, large 30½ pouces.*

Un Départ de Village d'un Détachement de Cavalerie. On y voit près de quelques maifons des Cavaliers reçevant des ordres de leur Chef ou Commandant ; devant eux des chariots de bagage qui defilent.

No. 152. *Peint fur Toile, haut 23, large 30 pouces.*

Une attaque de Cavalerie près d'un Village. On y voit au devant le fort du combat, plufieurs Cavaliers & chevaux étendus morts & bleffés , dans le lointain une troupe fuiant à travers des Ravins.

No. 153. *Peint fur Toile, haut 22, large 30 pouces.*

Un Choc de Cavalerie en Détachement dans une belle & vafte plaine : on y voit fur le devant quelques Cavaliers & Chevaux tués & bleffés. Ce Tableau peut fervir de Pendant au précédent.

E

JACQUES RUYSDAAL.

No. 154. *Peint fur Bois, haut 19, large 14½ pouces.*

Ce Tableau repréfente des fites de Bois très-artiftement peints on y remarque à droite une chaumiere, fur le devant un grand chemin fréquenté par quelques Voyageurs & dans le lointain un Clocher de Village.

No. 155. *Peint fur Bois, de mêmes hauteur & largeur que la précédent.*

Ce Pendant repréfente une route entre deux Forêts, on y voit à gauche une Cabanne & un Voyageur.

FRANÇOIS MIERIS.

No. 156. *Peint fur Bois, haut 10, large 7½ pouces.*

Ce Tableau délicat repréfente un Homme débout dans un Jardin; il eft habillé en Velours cramoifi, tient une canne à la main & à le bras appuyé fur une piedeftal, orné d'un pot à Fleurs à côté duquel eft fon chapeau à plumet blanc, à fa gauche fe voit un Negre & devant lui un beau Levrier. Cette belle Piéce vient du Cabinet de Mr. Braankamp, & fe trouve dans fon Catalogue fous le Numero 134.

JEAN STEEN.

No. 157. *Peint fur Bois, haut 26, large 21 pouces.*

Une Chambre ouverte en Arcade. On remarque dans l'intérieur de cette Chambre une Dame quittant fon Lit, dans lequel un bel Epagneuil a pris fa place. Elle eft affife fur le bord du Lit occupé à chauffer fes bas, & vétue d'un Cafaquin de Satin pâle rouge, bordé d'hermines & d'une Jupe jaune. Il y a auprès du Lit une Table couverte d'un Tapis Turc, fur laquelle on voit une boëte à Bijoux remplie de perles, un bougeoir & une bouteille: fes mules font éparpillées dans la Chambre; une natte artiftement treffée lui fert de Tapis.

DAVID DE CONINCK.

No. 158.   *Peint fur Bois, haut 26½, large 25 pouces.*

Le Portrait d'un Turc, il-eft débout une canne à la main & un Turban fur la tête.

MELCHIOR HONDEKOETER.

No. 159.   *Peint fur Toile, haut 47½, large 60½ pouces.*

Le fite de ce Tableau repréfente un beau Payfage, au milieu duquel à côté de deux grandes pierres il y a un Cocq doré du plus brillant plumage, paroiffant chanter. On y remarque près de lui une Poule blanche couvant des canards, vue dans la lumiere la plus frappante, & une autre tigrée ou tachetée de jaune, qui en fe courbant bequette vers le jabot. On diftingue à droite fur le devant dans une mare d'eau une Canne avec des Cannetons : vers la gauche un Paon & fa Femelle qui crient & un Pigeon fe répofant fur une des pierres.

JEAN VANDER HEYDEN.

No. 160.   *Peint fur Bois, haut 15, large 25 pouces.*

Ce Tableau fin & délicat repréfente une trés-belle vue du Rhin. On y voit à gauche fur le fommet d'une Montagne un ancien Château environné de Maifons, plus bas un terrain inculte fe termi nant en pente, ou paiffent quelques Moutons gardés par un Berger : au pied de la Montagne & contre la Riviere fe remar quent quelques Maifons & des mafures , plus avant une allée d'arbres & quelques Pâtres gardant leur Bétail. Sur la Riviere fe voient plufieurs Bateaux & Chaloupes chargées; le lointain préfente fous un Ciel éclairé le plus brillant Payfage. Les Figures, Animaux & autres acceffoires de ce Tableau agréable font peints par **Adrien** & **Guillaume Vande Velde.**

E 2

ABRAHAM MIGNON.

No. 161. *Peint sur Toile, haut 36, large 29½ pouces.*

Sur le devant de ce beau & riche Tableau on voit des Peches, un grand & beau Melon à côtes, des Raisins rouges, Muscats & Coins : au bas des Lesards, Serpents & quelques insectes ; plus haut sur une Table de pierre des Raisins blancs, des Abricots, Nefles, Prunes rouges & blanches. De côté s'éléve une arbre couvert de Mousse, où sont perchés sur une de ses branches un Alcyon & un Chardonneret, on remarque de plus sur le haut de cet arbre un nid d'oiseaux avec trois œufs.

ARNOULD, *OU AERT VANDER NÉER.*

No. 162. *Peint sur Toile, haut 23½, large 34 pouces.*

Une Vue de Terre & d'eau agréablement éclairée par une pleine Lune, dont la réverberation dans la Riviere, qui se voit sur le devant du Tableau, est naturellement rendue. La Lune est sur son déclin, on apperçoit du côté opposé le crepuscule du jour & dans le fond un Village de la Hollande. Sur une grande route devant une Auberge se voient plusieurs Chariots & Voitures, on y remarque de plus sur le devant des pontons chargés de Voitures, & Passagers qui traversent la Riviere.

GUILLAUME DE HEUS.

No. 163. *Peint sur Bois, haut 15½, large 12½ pouces.*

Un brillant Paysage Montagneux. On y voit un grand chemin traversant des Rochers, sur le devant quelques Mulets chargés avec leurs Muletiers, quelques Boucs & Moutons, à droite sur un second plan un Berger gardant son troupeau ; le lointain offre des sites Montagneux.

No. 164. *Peint sur Toile, haut 26½, large 38 pouces.*

Un beau & riche Paysage d'Italie représentant différens sites & gradations Montagneuses, orné de Figures & Animaux.

ADRIEN VANDE VELDE.

No. 165. *Peint sur Toile, haut* 12½*, large* 16 *pouces.*

Un très-beau Payfage avec Figures. Sur le devant fe voit une Femme qui trait à l'aube du jour une graffe & belle Vache, & des Moutons qui paiffent, à droite eft un Berger à la porte d'une étable qu'il tient à moitié ouverte d'où fortent des Moutons. Ce Tableau vient du Cabinet de Mr de Selle, Tréforier-général de la Marine, & fe trouve dans le Catalogue de fa vente fous le Numero 25.

GASPAR NETSCHER.

No. 166. *Peint fur Toile, haut* 20½*, large* 16½ *pouces.*

Le Dieu du Tonnerre fe préfente fous la figure de Diane careffant Califto, couchée fur une Drapperie rouge avec un Carquois près d'elle. Derriere auprès de l'Aigle on voit l'Amour debout qui tient un mafque. On remarque de l'autre côté un Chien de Chaffe dans un Payfage orné d'arbres & dans le lointain des hautes Montagnes. Ce Tableau eft connu par l'Eftampe que *J. Verkolje* en a gravée en maniere noire.

No. 167. *Peint fur Toile, haut* 15½*, large* 13½ *pouces.*

Le Portrait de Guillaume III. Roi d'Angleterre en habit de cérémonie & avec le grand Collier de l'Ordre de la Jarretiere.

GERARD DE LAIRESSE.

No. 168. *Peint fur Toile, haut* 38½*, large* 75 *pouces.*

Le fujet de ce beau Tableau eft le Mariage de Jacob avec Rachel feconde Fille de Laban : on voit ce dernier vers la gauche tenant Jacob par la main. Il femble le préfenter à Rachel, laquelle eft accompagnée de fa Sœur Lea. Sur la droite on remarque les Serviteurs de Jacob abbreuvant leurs troupeaux au puit, fur le fecond plan on diftingue un vafte Bâtiment d'une architecture ancienne avec un Dome ou Rotende fur un des angles & dans le lointain un vafte Payfage.

E 3

CARLE DU JARDIN.

No. 169. *Peint fur Bois, haut 16½, large 13½ pouces.*

Ce Tableau brillant préfente dans le fond un beau & vafte Payfage, de côté un ancien Chateau. On y voit à une fenêtre laterale ouverte une Demoifelle vetue à l'Efpagnole, courtifée par
un Cavalier defcendu de cheval, & vetu d'un Manteau écarlatte,
tenant fon chapeau à plumet à la main : le domeftique, monté fur
un cheval noiratre, tient d'une main le cheval blanc de fon Maître, & reçoit de l'autre un vers de vin d'un Garçon, tenant une
Bouteille, à côté de lui eft un beau levrier. L'Horifon de cette
Piéce intereffante & agreable fe termine par des Montagnes.

EGLON VANDER NÉER.

No. 170. *Peint fur Toile, haut 17, large 14 pouces.*

Une Magdeleine Penitente dans une Grotte, elle eft à genoux
fondant en larmes devant un Crucifix.

No. 171. *Peint fur Bois, haut 12½, large 11 pouces.*

Ce Tableau fin & délicat eft peint en 1679. & repréfente l'intérieur d'un Appartement dans lequel on voit un homme, en
Robe-de-chambre longue & grande Perruque, affis à côté d'une
Table couverte d'un Tapis Turc, fur laquelle eft pofé un Vafe
antique fur un Plat de vermeille Artiftement cifelé, il à le coude
appuyé fur le doffier de fa chaife, dans le fond de la Chambre fe
voit une Statue de Veftale, pofée dans une niche, en deffous un
bas-rélief.

GODEFROID SCHALKEN.

No. 172. *Peint fur Toile, haut 12½, large 10 pouces.*

Ce Tableau repréfente fous une Figure gracieufe & par fes diffé-
rents attributs les quatre Elemens. Elle a la tête ailée & couronnée
de Fleurs, tient de la main droite un Flambeau allumé, de l'autre

une coquille remplie d'eau de favon, on y voit une boulle de favon foufflé, derriere elle dans le lointain, une Mer agitée & un
Vaiffeau battu par la Tempête.

No. 173. *Peint fur Toile, haut* 12½, *large* 10 *pouces.*

Une Sainte Cecile en contemplation, chantant les Cantiques du
Seigneur, elle eft accompagné d'un Ange.

JEAN GLAUBER ET LAIRESSE.

No. 174 & 175. *Peints fur Toile, hauts* 9, *larges* 14 *pouces.*

Deux Payfages avec Figures & Fabriques : dans l'une eft repréfentée la Fable de Daphné changée en Laurier, dans l'autre des
Baigneurs.

JEAN VAN HUCHTENBURG.

No. 176. *Peint fur Toile, haut* 21½, *large* 25½ *pouces.*

Une Bataille à la vue & près d'une Ville qu'on voit dans le fond
de ce Tableau; on y remarque fur le devant un engagement de
Cavalerie & une fumée épaiffe occafionné par le feu qui s'y fait.

No. 177. *Peint fur Toile, de mêmes hauteur & largeur que le précédent.*

Le même fujet eft traité à peu de différence près dans ce Pendant, on y remarque la chaleur du combat & dans des plans éloi-
gnés on voit dans ces deux Tableaux l'arrangement de l'Infante-
rie, & des difpofitions à la furprife des Villes, qu'on y découvre
en Perfpectives.

CORNILLE HUYSMANS DE MALINES.

No. 178 & 179. *Peints fur Toile, hauts* 10½, *larges* 14 *pouces.*

Deux petits Payfages Montagneux, avec Figures & Bétail.

No. 180 & 181. *Peints fur Toile, hauts* 19½, *larges* 25½ *pouces.*

Deux riches & clairs Payfages Montagneux & vues de Rivieres
& de Bois, ornés de quantité de Figures, Fabriques & Animaux.

RENIER BRACKENBURG.

No. 182.   *Peint sur Toile, haut 16, large 25 pouces.*

Une Tabagie, ornée de quantité de Figures tant buveurs que fumeurs : on remarque sur le devant un Vieillard courtisant une jeune & jolie Villageoise, & plusieurs accessoires de menage.

No. 183.   *Peint sur Bois, haut 13, large 18 pouces.*

Une Fête champêtre & enfantine : on y couronne sous une guinguette de verdure le Roi du mois de Mai, qu'on conduit vers une Maison Villageoise : ce Tableau d'une composition agréable est orné de quantité de Figures.

MARIENHOF.

No. 184.   *Peint sur Bois, haut 14, large 20 pouces.*

Un Paysage avec le passage d'un Pont orné de Figures.

ABRAHAM STORCK.

No. 185.   *Peint sur Bois, haut $7\frac{1}{2}$, large $10\frac{1}{2}$ pouces.*

Une très-belle vue du Rhin ou de la Moselle : on y découvre dans le lointain une grande Ville vers laquelle plusieurs Vaisseaux de toutes espéces font voiles, le devant du Tableau représente la Rive opposée de ce Fleuve, où une Gondole a conduit & debarqué une compagnie de plusieurs Personnes qui s'y divertissent.

PHILIPPE ROOS, *dit* DE TIVOLI.

No. 186.   *Peint sur Toile, haut 29, large 53 pouces.*

Un Paysage Montagneux orné de Moutons & Boucs couchés & débout, gardés par un Berger accompagné de son Chien.

No. 187.   *Peint sur Toile, de mêmes hauteur & largeur que le précedent.*

Ce Pendant représente un pareil Paysage Montagneux, il est
orné

orné de Moutons, Boucs & d'un Bœuf gardés par un Pâtre avec fon Chien.

LE CHEVALIER CHARLES DE MOOR.

No. 188.   *Peint fur Toile, haut 16, large 13 pouces.*

Ce Tableau repréfente une jeune Dame en chapeau de Paille, vétue de Satin blanc avec une écharpe bleu, la gorge découverte, un Bouquet de Fleurs dans fon Giron, affife & appuyée fur un piedeftal fur lequel eft pofé un pot avec des Fleurs, derriere elle fe trouve débout un Vieillard ridé qui femble lui faire des propofitions amoureufes, qu'elle paroît rebuter.

JEAN GRIFFIER.

No. 189.   *Peint fur Toile, haut 43, large 41 pouces.*

Ce Tableau, dans le goût de Jean-Paul Panini, repréfente dans un vafte Payfage des Ruines Romaines, on y voit à droite celles d'un ancien Temple & fur le devant des debris d'Architecture, fur les morceaux defquels on remarque des Figures de Tritons.

PIERRE VAN BLOEMEN.

No. 190.   *Peint fur Bois, haut 11, large 14½ pouces.*

Un joli Payfage avec des Moutons, Chévres & autre Bétail couchés & débout près de quelques Troncs d'arbres & gardés par des Pâtres.

JACQUES DE HEUSCH.

No. 191. & 192. *Peints fur Cuivre, hauts 5, larges 9½ pouces.*

Deux agréables Payfages avec des Rochers. On voit dans le premier une Femme affife fur une Ane, faifant la converfation avec un Berger gardant fes Moutons. Dans le fecond un Berger & une Bergere affife fur une Ane conduifant leur Troupeau.

F

LE CHEVALIER ADRIEN VANDER WERF.

No. 193.   *Peint ſur Toile en oval, haut 32 pouces.*

Un beau Portrait qu'on dit être le ſien, ou celui de ſon Frere, il y eſt peint en grande Peruque tenant d'une main une Drapperie écarlate negligemment jettée.

ARNOLD HOUBRAKEN.

No. 194.   *Peint ſur Toile, haut 26½, large 22 pouces.*

Marie ſe proſternant aux pieds du Seigneur accompagnée de ſa Sœur Marthe, elles ſemblent lui demander la vie de leur Frere. Le fond repréſente l'intérieur d'une ancienne Caverne ſépulchrale.

BAUDEWYNS, FRANÇOIS BAUT ET DUPONT.

No. 195. & 196. *Peints ſur Toile, hauts 15½, larges 22 pouces.*

Deux Marchés ou Foires de Villages ornés de Bâtimens, Maiſons & quantité de Figures.

WILLEM *OU* GUILLAUME MIERIS.

No. 197.   *Peint ſur Toile, haut 25, large 32 pouces.*

L'Intérieur d'une Chambre dans laquelle ſe voit à droite une Femme aſſiſe, vetue d'un Caſaquin rouge, garni d'hermines, tenant un livre à la main & fixant un Enfant qui joue avec un cerçeau, on y remarque à gauche une Table tapiſſée, au bas un Singe en mauvaiſe humeur contre un chien : on apperçoit par l'ouverture de la porte un Homme qui ſort de la maiſon.

No. 198.   *Peint ſur Bois, haut 9, large 6 pouces.*

Ce beau Tableau, qui peut ſervir de Pendant à celui de Gerard Douw No. 103. repréſente un Pecheur aſſis & appuyé ſur la largeur d'une Niche, ſa main droite poſée ſur un papier bleu dans lequel il y a des Crevettes, à côté de lui on voit une vieille Femme ridée, un mouchoir blanc fur la tête en deſſous duquel paſſe la dentelle de fon ferfrond très artiſtement travaillée , elle lui montre un Carlet fec , qui pend à la Niche, au bas on voit fur la largeur un pot de Bierre & un ver rempli : de l'autre côté de la niche un Rideau retrouſſé. L'Intérieur repréſente une chambre de cabaret dont la cheminée eſt ornée d'aſſiettes de Faiance.

Le Piedeſtal fous la Niche eſt un Bas-relief en griſaille repré-fentant des divertiſſemens d'Enfants avec un Chien & un Bouc. Ce charmant Tableau vient du Cabinet du Comte de Waſſenaer & fe trouve dans le Catalogue fous le Numero 23.

CORNILLE DE HEEM.

No. 199 & 200. *Peints fur Toile, hauts 23½, larges 18½ pouces.*

Deux Bouquets de Fleurs & de Fruits.

No. 201. *Peint fur Cuivre, haut 18, large 14 pouces.*

Une Table couverte d'un Tapis bleu avec des Huitres, Citrons, Raiſins, un ver de Criſtal & autres acceſſoires.

No. 202. *Peint fur Bois, haut 12ᵗ large 10 pouces.*

Une Table couverte d'un Tapis fur laquelle fe trouvent diffé-rents Fruits & un Ver de Vin.

CHARLES BREYDEL.

No. 203. *Peint fur Bois, haut 11½ large 18 pouces.*

Un Payfage dans lequel fe voit un Choc ou rencontre de Ca-valerie près d'un Moulin à vent.

No. 204. *Peint fur Bois, de mêmes hauteur & largeur que le précédent.*

Un Payfage avec quelques Payfans & Voyageurs à cheval : on apperçoit dans le lointain une Riviere & des Montagnes.

JEAN VAN HUYSUM.

No. 205.   *Peint fur Bois , haut 35, large 27 pouces.*

Ce magnifique Tableau de Cabinet repréfente dans une Niche
ceintrée un Vafe de couleur d'Ambre, orné de jeux d'Enfans en
Bas-relief , il eft pofé fur une Table de marbre veinée, & con-
tient toutes fortes de Fleurs , très-artiftement rangées , comme Jacintes blanches & bleu; des Tulippes, Narciffes doubles, des
pavots, rofes blanches & jaunes, des boutons de rofes, penfées en
différentes couleurs, & plufieures autres Fleurs, toutes entreme-
lées de leurs feuillées différentes, fur lefquelles on diftingue des
papillons, mouches & autres infectes qui s'attachent aux Fleurs;
on y remarque auffi des gouttes de rofée d'un tranfparent admirable.

MATTHIEU VAN HELMONT.

No. 206.   *Peint fur Toile , haut 66, large 71 pouces.*

Un Marché de Rome. Au milieu de la Place fe remarque une
belle Fontaine, entourée de Palais & Maifons de la plus belle Architecture, plufieures rues y aboutiffent, on y voit une quantité
de Boutiques de toute efpéce, un nombre infini de Figures, entre lefquelles on diftingue fur le devant un groupe de Famille de
fix perfonnes, cette Piéce eft de plus ornée de Fruits & Legumes,
Volaille & Poiffons. On y remarque à gauche un Charlatan fur
fon Théâtre debitant fes Drogues.

ROBERT GRIFFIER.

No. 207.   *Peint fur Cuivre, haut 8½, large 11 pouces.*

Un Payfage agréable dans lequel fe remarque un grand nombre
de Voyageurs faifant route vers le paffage d'un Pont, l'horifon
offre une grande étendue de Montagnes.

No. 208. & 209. *Peints fur Cuivre hauts 12½, larges 17 pouces.*

Deux jolis Payfages ornés de Figures, Bétail, Rivieres & de
plufieures Fabriques.

LOUIS DE MONI.

No. 210. *Peint fur Bois, haut* 14, *large* 11 *pouces.*

Un départ de Chaffe de Diane & d'Endimion, un Amour fonne de la Trompe, on y voit un Levrier & un Chien courant.

No. 211. *Peint fur Bois, haut* 15, *large* 12½ *pouces.*

Ce Tableau repréfente dans un Chambranle de fenêtre de pierre grifatre un jeune Garçon vétu de brun, qui fait des boules de favon, fur le devant une jeune Fille habillée en Lila tient un pot de terre, & obferve attentivement ces boules, à droite au déhors de la niche eft fufpendue une cage d'oifeau.

GUILLAUME ROMYN.

No. 212. *Peint fur Bois, haut* 14, *large* 19½ *pouces.*

Un Payfage agréable avec des collines, orné de Vaches & Moutons tant débout, que couchés près d'un Tronc d'arbre.

PIERRE BOUT.

No. 213. *Peint fur Toile, haut* 20, *large* 17 *pouces.*

Un beau Payfage d'Italie : on y voit près d'un Tronc d'arbre des Vaches, Moutons & Chévres gardés par des Pâtres.

No. 214. *Peint fur Toile, haut* 27, *large* 36½ *pouces.*

Un Payfage orné de Figures & de quelques Bâtimens antiques.

No. 215. *Peint fur Bois, haut* 24, *large* 18½ *pouces.*

Le réveil des Bergers & l'annonce du Meffie par l'Ange au milieu de la nuit.

B. G. FECIT.

No. 216. *Peint fur Toile, haut* 19, *large* 17 *pouces.*

Cette Piéce a monographe repréfente une converfation à la porte d'une Hôtellerie. On y voit à une Table deux joueurs aux cartes, près d'eux une Cabaretiere & un Homme en belle humeur.

QUIRIN BREKELENCAMP.

No. 217.   *Peint fur Bois, haut 18½, large 26 pouces.*

Ce joli Tableau repréfente la Boutique d'un Tailleur; qui eft affis fur fon établi, avec deux Compagnons : Le plus jeune fixe d'un air furnois une femme Hollandoife, tenant au bras un féau de fer blanc avec des Legumes, qui montre au Maître un habillement à racomoder. La boutique eft feparée par une cloifon ou paravent de bois, fur lequel eft jetté & fufpendu une piéce de Drap; derriere ce paravent fe voit une Femme préparant le diner aiant à côté d'elle un plat de terre avec des poiffons.

N. GRIEF

No. 218.   *Peint fur Toile, haut 33, large 27 pouces.*

Un Payfage agréable avec des arbres & fabriques, on y remarque à droite un Liévre fufpendu avec les pattes de derriere aux branches d'un arbre, au bas des oifeaux morts de toute efpéce, plus avant des Chiens baffets & un Daim.

No. 219.   *Peint fur Toile de mêmes hauteur & largeur que le précédent.*

Ce Pendant repréfente dans un joli Payfage orné d'arbres & fabriques un Levreau, des Perdrix Beccaces & autres Oifeaux morts gardés par un Chien Baffet.

No. 220. & 221.   *Peints fur Bois, hauts 12, larges 16½ pouces.*

Deux brillants Payfages. Dans le premier fe voit à droite & fur le devant près de quelques debris d'architecture des Lapins, Cocqs, Poules, Paons & autres Animaux, quelques fleurs & fruits, tels que Melons & Peches. Dans le fecond fe remarquent près de pareils debris des poules, cocqs, pigeons, dindons, paons & autres animaux, comme auffi quelques fleurs & fruits.

LELIENBERG.

No. 222. *Peint fur Toile, haut 29, large 23 pouces.*

Une Beccaffe & autres oifeaux morts fur une table de pierre
on y voit deux Pigeons fufpendus à un croc.

VERMOELEN.

No. 223. *Peint fur Toile, haut 38, large 52 pouces.*

Un Payfage : on y voit dans le premier à droite & fur le
devant un Sanglier decoupé, au bas des Canards & autre Volaille : à gauche fur une hurée des Beccaces.

No. 224. *Peint fur Toile, de mêmes hauteur & largeur que le précédent.*

Ce Pendant repréfente des Oyes fauvages, Canards & autre
volaille, & un Cerf decoupé, il eft orné d'un Fufil & d'autres
attributs de Chaffe.

THEODORE MICHAU.

No. 225. *Peint fur Toile, haut $25\frac{1}{2}$, large 34 pouces.*

Une Foire de Village. Dans le fond de ce Tableau fe voit un
grand Bourg ou Village, entouré de maifons & un nombre infini
de Figures, au devant fe préfente le Théâtre d'un Charlatan
pronant fes Drogues pendant que fa troupe y repréfente des parades.

No. 226. *Peint fur Toile, de mêmes hauteur & largeur que le précédent.*

Ce Tableau, fervant de Pendant au précédent repréfente une
vue de Riviere près d'une Ville dont on decouvre dans le fond
les portes & les Bâtimens, on y remarque d'un côté un Marché
aux poiffons & de l'autre une efpéce de Quay où l'on debarque
des marchandifes.

No. 227. *Peint fur Bois, haut $20\frac{1}{2}$, large 31 pouces.*

Une Fête Flamande, dans le goût de D. Teniers, on y voit

à droite quelques maifons de Payfans fur le devant des groupes de joueurs, danfeurs & de buveurs. Le Payfage eft traverfé ou feparé par une Riviere : on remarque à la rive oppofée plufieurs Chariots & du Bétail.

No. 228. *Peint fur Bois, de mêmes hauteur & largeur que le précédent.*

Une feconde Fête Flamande repréfentant des divertiffements de campagne près de quelques maifons, le lointain offre un beau & vafte Payfage : On y découvre dans l'éloignement le Clocher d'un Village voifin.

No. 229. *Peint fur Bois, haut 17½, large 26½ pouces.*

Une Vue de l'Efcaut près d'un Village : On y voit un Quay où les Batteaux abordent & dechargent leurs Marchandifes & un ponton rempli de Paffagers & de Bétail.

No. 230. & 231. *Peints fur Bois, hauts 11½, larges 8 pouces.*

Deux brilants Payfages, & de plus beaux de ce Maître ornés de Cavaliers, Pâtres & de Bétail.

VANDER HAGEN.

No. 232. *Peint fur Toile, haut 18½, large 25 pouces.*

Une Vue du Rhin ou de la Meufe, bordée des fites Montagneux ornés de plufieures Fabriques, on y remarque fur le devant des Pecheurs retirant leur filets, & un Voyageur à cheval : à la rive oppofée des Batteaux plats chargés de pierres.

COPPENS.

No. 233. *Peint fur Toile, haut 14, large 18 pouces.*

Un Payfage boifé, orné de Figures.

LA COURT.

No. 234 & 235. *Peints fur Cuivre, hauts 13½, larges 11½ pouces.*

Deux jolis Payfages Montagneux avec Figures & Betail.

VAN

VANDER DUSSEN.

No. 236 & 237. *Peints fur Toile, hauts 23, larges 18½ pouces.*

Le premier de ces Tableaux repréfente un Choc de Cavalerie près d'un Moulin; & le fecond une attaque de Bagages.

VAN AVONT.

No. 238. *Peint fur Cuivre, haut 12, large 10 pouces.*

La Vierge, l'Enfant-Jefus & Saint Jean dans une gloire d'Anges.

LEREMANS.

No. 239. *Peint fur Cuivre, haut 14, large 10½ pouces.*

Un bon Portrait d'un Homme de Robe en rabat.

No. 240. *Peint fur Bois, haut 15, large 12 pouces.*

Un Bouquet de Fleurs dans un Vafe bleuatre pofé fur une Table.

BESCHEY.

No. 241. *Peint fur Bois, haut 27½ large 33 pouces.*

La Boutique d'un Cordonnier qu'on y voit endormi fon ouvrage en mains, devant lui fur une Chaife fe trouvent fes outils, on remarque plus avant une vieille Armoire caffée où il y a quelque mangeaille.

No. 242. *Peint fur Bois, haut 13, large 18½ pouces.*

Une très-belle Eglife de la plus riche Architecture & d'une Perfpective bien éclairée, ornée d'un grand nombre de Figures.

CHRETIEN-GUILLAUME-ERNEST DIETRICY

No. 243. *Peint fur Bois, haut 14, large 10½ pouces.*

Une clair & brillant Payfage avec un groupe de Famille compofé de neuf Figures : on y voit fur le devant un Mezetin qui amufe un jeune Enfant qu'une jolie & gracieufe Dame tient fur fon giron.

No. 244.   *Peint fur Bois, haut* 17, *large* 13½ *pouces.*

Cette belle Piéce repréfente Adam & Eve au moment où l'Ange tenant une Epée flamboiante les chaffe du Paradis Terreftre, le Serpent précéde leurs pas, la terre fe couvre de nuages épais qui femblent la faire rentrer dans le chaos, la terreur & la confternation d'Adam & d'Eve y font rendues avec la plus grande vérité.

No. 245.   *Peint fur Bois, de mêmes hauteur & largeur que le précédent.*

Ce Pendant repréfente dans une Caverne Loth enivré par fes deux Filles, dont il careffe l'une pendant que l'autre lui verfe du Vin d'une Cruche, dans le fond fe voit l'incendie de Sodome & la Femme de Loth changée en maffe de fel.

FRANÇOIS XAVERY.

No. 246.   *Peint fur Bois, haut* 12, *large* 15½ *pouces.*

Un clair & brillant Payfage orné de Figures & Bétail, le lointain offre plufieurs fites Montagneux avec des Fabriques.

ANDRÉ LENS.

No. 247.   *Peint fur Toile, haut* 37½, *large* 52 *pouces.*

Ce Tableau gracieux repréfente les Amours d'Aconte & de Cydippe : on y remarque à droite la Mere de cette Fille offrant à Diane dans le Temple de Delos des encens & libations. Vers le milieu Cydippe tenant en main la pomme fatale, & y lifant avec furprife & confternation la promeffe & le ferment qu'Aconte jeune Homme d'une beauté finguliere, & qui en étoit éperduement amoureux y avoit gravé pour furprendre fa Foi, par lequel elle jure à Diane de n'être jamais qu'à lui.

LE CHEVALIER FACIN.

No. 248. *Peint fur Toile, haut* 32, *large* 42 *pouces.*

Un Payfage vaporeux d'Italie, orné de Fabriques & Bétail, on y voit fur le devant un joli groupe de deux Figures.

J. H. ANTONISSEN.

No. 249. *Peint fur Bois, haut* 33, *large* 40½ *pouces.*

Un clair & brillant Payfage offrant en Perfpectives des rives de la Meufe, & plufieurs fites Montagneux; fur le devant un côulant d'Eau près d'un grand Chemin, on y voit un beau groupe de Figures, quelques Vaches & Moutons.

M. VAN DOORNE.

No. 250. *Peint fur Toile, haut* 47, *large* 33 *pouces.*

Une Table de Pierre blanchatre; on y remarque un Vafe de Criftal plein d'Eau fur lequel une fenêtre fe refléchit, il y à dans ce Vafe un beau Bouquet de différentes Fleurs, telles que Tulippes, Rofes, Pavots blancs & rouges, on y voit fur le maffif de la Niche une belle Peche & Poire, des Prunes, Cerifes & autres Fruits, quelques Papillons & Infectes.

KRAFT.

No. 251. *Peint fur Bois, haut* 16, *large* 24 *pouces.*

Un joli Payfage avec Fabriques & Figures.

N. LENS.

No. 252. *Peint fur Bois, haut* 15, *large* 20½ *pouces.*

Un Payfage d'Italie, on y voit près d'une Tour & Bâtiment antique des Blanchiffeufes près d'une Riviere lavant & étendant du Linge.

S M E E S T E R S.

No. 253. *Peint sur Bois, haut 15½, large 28½ pouces.*

Une Marine ornée de Vaiffeaux & Chaloupes, on y voit fur le devant des Pecheurs occupés au clair de la Lune à fécher leurs Filets.

KNEGEL, *Difciple de* DIETRICY.

No. 254 & 255. *Peints sur Toile, hauts 38, larges 33 pouces.*

Deux Payfages Montagneux ornés de Figures & Bétail.

F A B E R.

No. 256. *Peint fur Toile, haut 32, large 26 pouces.*

Ce Tableau, peint dans le goût de Greuze, repréfente un Décrotteur, ayant fes broffes & uftenciles en main, au fond du Tableau fe voit un Payfage agréable.

ECOLE FRANÇOISE.

NICOLAS POUSSIN.

No. 257. *Peint fur Toile, haut 26, large 43 pouces.*

Cette Piéce repréfente l'intrépidité de Mutius Scevola fe brulant la main au milieu & à la vue de tout le Camp ennemi, dont on voit les Tentes.

CLAUDE GELÉE, *dit* LE LORRAIN·

No. 258. *Peint fur Bois, haut 10½, large 15 pouces.*

Un brillant Port de Mer orné de plufieurs Vaiffeaux & Figures, on y voit à gauche un grand Portique foutenu par des Colonnes & plufieurs Bâtimens de la plus belle architecture. Ce Tableau vient du Cabinet de Mr le Baron de Boonhem.

SEBASTIEN BOURDON.

No. 259.	*Peint fur Toile, haut* 11, *large* 15 *pouces.*

La Fuite en Egypte, on y voit au declin du jour dans un Payfage agréable orné de Fabriques la Sainte Famille au paffage d'un Riviere prête d'entrer dans un bac pour la traverfer.

No. 260.	*Peint fur Toile, haut* 20, *large* 15 *pouces.*

Le fujet de ce Tableau eft le Martyre de Saint Laurent.

NICOLAS LOIR.

No. 261.	*Peint fur Toile, haut* 24, *large* 31½ *pouces.*

Moïfe défendant les Filles de Jetro qui gardent leurs troupeaux près d'un puit & chaffant les Bergers qui les infultent.

No. 262. *Peint fur Toile, de mêmes hauteur & largeur que le précédent.*

Ce Pendant repréfente Jacob montrant & decouvrant le Puit à Rebecca pour y abbreuver fon Troupeau.

JEAN JOUVENET.

No. 263 & 264. *Peints fur Toile, bauts* 20, *larges* 16½ *pouces.*

Saint Pierre & Saint Paul en Oraifon, Figures à mi-corps & de proportion naturelle.

ANTOINE WATTEAU.

No. 265. & 266. *Peints fur Bois, hauts* 5½, *larges* 5 *pouces.*

Deux petits Tableaux, l'un repréfentant dans un Payfage un Berger danfant au fon du Hautbois.

L'autre Pierrot & Perette en converfation amoureufe.

No. 267.	*Peint fur Toile, haut* 24, *large* 29 *pouces.*

Un Bal de nuit au Bois de Boulogne, on y voit à droite près

d'une Fontaine, ornée de Statues, plufieurs groupes de Figures de deux fexes en différentes attitudes galantes, vers le milieu un Menuet exécuté avec art & foupleffe par un Berger & Bergere : à gauche font placés plufieurs Muficiens : tout refpire dans ce Tableau la plus naïve gaieté.

BAPTISTE FERRET.

No. 268.   *Peint fur Toile, haut 28½, large 37 pouces.*

Un Payfage Montagneux. Au bas d'une élévation pierreufe fe trouve une piece d'eau, on y voit un Pecheur à la ligne, & dans le lointain fous un Ciel clair & ferain des Pâtres gardant leur Bétail.

JOSEPH VERNET.

No. 269.   *Peint fur Toile, haut 13, large 16 pouces.*

Un Calme, on y voit fur le devant quelques Chaloupes & Bateaux de Pecheurs occupés à retirer leurs filets, à droite une Cita-delle fur le fommet d'un Rocher : dans le lointain des Vaiffeaux fous voiles.

No. 270.   *Peint fur Toile, de mêmes hauteur & largeur que le précedent.*

Une Mer orageufe, on y voit un Vaiffeau jetté & brifé contre les pointes des Rochers, fur le devant une Chaloupe avec des Pecheurs en danger de faire naufrage, & fur les Dunes près des Rochers un groupe de Figures en confternation.

VISPRÉ.

No. 271.   *Peint fur Ver, haut 12½, large 15 pouces.*

Une Affiette de Porcelaine pofée fur une Table & remplie de Peches du plus beau velouté ; à côté dans un Ver tranfparent fe voit un joli Bouquet de Fleurs.

Tableaux de diverſes Ecoles, & dont on ne peut determiner les Maîtres.

No. 272. *Peint ſur Bois, haut* 18½, *large* 14½ *pouces.*

La Purification de la Sainte Vierge. On y voit au haut de l'Eſcalier du Temple Simeon recevant la Vierge & l'Enfant Jeſus, cette Piéce eſt ornée de quantité de Figures, on la croit de la bonne Ecole Italienne.

No. 273. *Peint ſur Toile, haut* 17, *large* 21 *pouces.*

Jacob abbreuvant au Puit le Troupeau de Rebecca, Tableau dans le goût de Pietro de Cortone.

No. 274. *Peint ſur Toile, haut* 11½, *large* 14 *pouces.*

Ce petit Tableau repréſente le derriere du Bâtiment de la vieille Cour de Bruxelles du côté du Parc & eſt orné de quelques Figures & Animaux très-bien peints dans le goût & touche de Van der Heyden.

No. 275. *Peint ſur Cuivre, haut* 8, *large* 6½ *pouces.*

Une Sainte Famille, dans le goût de Rottenhamer.

No. 276. *Peint ſur Cuive, haut* 11½, *large* 9 *pouces.*

Le Martyre de Saint Sebaſtien. On le voit au moment où on attache ce Saint à l'Arbre. Ce Tableau ſe trouve gravé par C. Gallé.

No. 277. *Peint ſur Cuivre, haut* 8, *large* 7 *pouces.*

Une Sainte Vierge tenant l'Enfant Jeſus, qui embraſſe Saint Jean.

No. 278.   *Peint ſur Bois, haut* 31½, *large* 46 *pouces.*

Un vaſte Payſage dans lequel ſe voit Diane & ſes Compagnes à la chaſſe du Cerf.

No. 279.   *Peint ſur Toile, haut* 40, *large* 23 *pouces.*

Jeſus-Chriſt en Croix, au pied ſe voient la Vierge, Saint Jean & la Magdeleine.

No. 280.   *Peint ſur Toile, haut* 34 *large* 23 *pouces.*

Le Portrait d'un Homme de Robe.

F I N.

REPERTOIRE UNIVERSEL

Du CABINET de Feu Monſieur le Chevalier *DE VERHULST*, contenant les noms des Artiſtes, le nombre de leurs Tableaux qui s'y trouvent, leurs Ecoles, l'ordre Chronologique de leurs Naiſſances, les Pages & nombres du Catalogue.

Noms des Artiſtes, Ecole d'Italie.	Nombre des Ta-bleaux.	Leurs Ecoles.	années de naiſ-ſances.	Pages du Catalogue.	Nombres du Catalogue.
De Tiziano Vecelli dà Cadoré, dit *le Titien.* . . .	*Un*	*Vénitienne*	1477	1	1
De Taddée Zucchero	*Un*	*Romaine*	1529	2	2
De Louis Carrache.	*Un*	*Vénitienne*	1555	2	3
D'Auguſtin Car-rache	*Un*	*Vénitienne*	1558	2	4
De Dominique Zam-pieri, dit *le Do-miniquin* . . .	*Un*	*Vénitienne*	1581	2	5
De Dominique Feti.	*Un*	*Romaine*	1589	2	6
De Jean-François Barbieri da Cento, dit *le Guerchin.*	*deux*	*Vénitienne*	1590	3	7 & 8
De Michel-Ange Cerquozzi, dit *des Batailles* . . .	*Un*	*Romaine*	1602	3	9
De Jean-Benoît Caſ-tiglione, dit *le Benedette* . . .	*Quatre*	*Genoiſe*	1616	3 & 4	10 11 12 13
Du Chevalier Carle Maratte . . .	*Un*	*Romaine*	1625	4	14
De Carlo Dolci. .	*Un*	. . . .	. . . .	5	15
De Valerio Caſtelli.	*Un*	*Genoiſe*	1625	5	16
De Nogarri. . .	*Quatre*	*Vénitienſe*	. . . .	5	17 18 19 20
De Virelli . . .	*Un*	. . . .	. . . .	5	21

H

Nöms des Artistes, Ecoles des Pays-Bas, Allemande, &c.	Nombre des Tableaux.	Leurs Ecoles.	années de naissances.	Pages du Catalogue.	Nombres du Catalogue.
D'Albert Durer.	Un	Allemande	1470	6	22
De Dieric Van Utrecht.	deux	Hollandoise	....	6	23 & 24
De Charles d'Ipres, dit l'Ipenaer.	Un	Flamande	1500	6	25
De Jaques Grimmer	Un	Flamande	1510	6	26
De Carel van Mander.	Un	Flamande	1548	6	27
De Paul Bril	Un	Flamande	1556	6	28
D'Henri van Balen.	deux	Flamande	1560	7	29 & 30
De Jean Rottenhamer	Un	Allemande	1564	7	31
De Pierre Neefs.	Quatre	Flamande	1570	8	32 33 34 35
De Christophe-Jean Vander Laenen.	Un	Flamande	1570	8	36
De Daniel van Alsloot.	Un	Flamande	1570	8	37
D'Antoine Salaert.	Un	Flamande	1570	9	38
De Lucas François.	Un	Flamande	1574	9	39
D'Adam Elsheimer.	Un	Allemande	1574	9	40
De Pierre-Paul Rubens.	Trois	Flamands	1577	9 & 10	41 42 & 43
De François Sneyders.	deux	Flamande	1579	10	44 & 45
De Gaspar de Crayer	Un	Flamande	1582	11	46
De Cornille Poelenburg.	Un	Hollandoise	1586	11	47
De Pierre Bronckhorst.	Un	Hollandoise	1589	11	48
De Jean Breugel, dit de Velours.	Trois	Flamande	1589	11 & 12	49 50 & 51
De Breugel de Velours & de Van Balen.	deux	Flamande	....	12	52 & 53
De Joos Momper & Breugel.	deux	Flamande	....	12	54 & 55
De Cornille Schut.	deux	Flamande	1590	13	56 & 57
De Pierre Suayers.	deux	Flamande	1593	13	58 & 59

Noms des Artistes. Ecoles des Pays Bas, Allemande, &c.	Nombre des Tableaux.	Leurs Ecoles.	années de naissances.	Pages du Catalogue.	Nombres du Catalogue.
De Cornille de Wael.	Un	Flamande	1594	13	60
De Lucas van Uden.	Cinq	Flamande	1595	13 & 14	61 62 63 64 65
De van Uden & van Balen . . .	Un	Flamande		14	66
De Van Uden & Michau. . . .	Quatre	Flamande		14 & 15	67 68 69 70
De Leonard ou Lenard Bramer. .	Un	Hollandoise	1596	15	71
De Jean van Goyen.	Cinq	Hollandoise	1596	15 & 16	72 73 74 75 76
d'Antoine van Dyck	Un	Flamande	1598	16	77
De Jean Wynants.	deux	Hollandoise	1600	16	78 79
De Rembrant Van Ryn. . . .	Un	Hollandoise	1606	17	80
D'Abraham Van Diepenbeeck . .	deux	Flamande	1607	17	81 & 82
De Jean Lievens. .	Un	Hollandoise	1607	17	83
De Gerard Terburg.	Un	Hollandoise	1608	17	84
D'Adrien Brauwer.	Un	Hollandoise	1608	18	85
De Joseph Craesbeeck . .	Trois	Flamande	1608	18	86 87 88
D'Herman Zachtleven. . . .	deux	Hollandoise	1609	18	89
De Jean Asselyn, dit Crabet-je. .	Un	Hollandoise	1610	19	90
De David Teniers, le jeune. . . .	Treize	Flamande	1610	19 20 21 22	de 91 à 103
d'Adrien van Ostade.	Un	Hollandoise	1610	22	104
De Guillaume vande Velde . . .	deux	Hollandoise	1610	22 & 23	105 106
De Cornille Zastleven. . . .	Un	Hollandoise	1612	23	107
De Jacques Artois & Teniers. .	Un	Flamande	1613	23	108
De Gerard Douw.	Un	Hollandoise	1613	23	109
De Bonaventure Peeters. . . .	deux	Flamande	1614	24	110 & 111
De Bertholet Flemael. . . .	Un	Liegeoise	1614	24	112

Noms des Artistes, Ecoles des Pays-Bas, Allemande, &c.	Nombre des Tableaux.	Leurs Ecoles.	années de naissances.	Pages du Catalogue.	Nombres du Catalogue.
De David Ryckaert	Cinq	Flamande	1615	24 & 25	de 113 à 117
De Gabriel Metzu.	Un	Hollandoise	1615	25	118
De Jean - Philippe Van Thielen. . .	Un	Flamande	1618	26	119
De Cornille Bega.	Un	Hollandoise	1620	26	120
De Philippe Wouwermans. . . .	deux	Hollandoise	1620	26	121 & 122
De Bartholomé Breenberg. . .	Un	Hollandoise	1620	27	123
De Jean & André Both	Quatre	Hollandoise	1620	27 & 28	de 124 à 127
De Jean - Baptiste Weeninx . . .	Un	Hollandoise	1621	28	128
D'Adam Pynacker.	Un	Hollandoise	1621	28	129
De Gerbrant Van den Eeckhout. . .	Un	Hollandoise	1621	28	130
De Nicolas Berchem	Trois	Hollandoise	1624	29	de 131 à 133
De Jean Fyt. . .	deux	Flamande	1625	30	134 & 135
De François du Chatel. . .	deux	Flamande	1625	30	136 & 137
De Giles Tilbourg.	Quatre	Flamande	1625	30 & 31	de 138 à 141
De Jean Van Kessel.	Trois	Flamande	1626	31	de 142 à 144
De jacques Vander Ulft.	Un	Hollandoise	1627	31	145
De jean-Henri Roos	deux	Allemande	1631	32	146 & 147
De Frederic Moucheron. . . .	Un	Allemande	1633	32	148
D'Antoine François Van der Meulen.	Cinq	Flamande	1634	33	de 149 à 153
De jacques Ruysdaal.	deux	Hollandoise	1635	34	154 & 155
De François Mieris.	Un	Hollandoise	1635	34	156
De jean Steen. . .	Un	Hollandoise	1636	34	157
De David de Coninck. . . .	Un	Flamande	1636	35	158
De Melchior Hondecoeter. . . .	Un	Hollandoise	1636	35	159

Noms des Artiftes, Ecoles des Pays-Bas, Alleman-de, &c.	Nombre des Ta-bleaux.	Leurs Ecoles.	années de naif-fances.	Pages du Catalogue.	Nombres du Catalogue.
De Jean Vander Heyden. . . .	Un	Hollandoife	1637	35	160
D'Abraham Mig-non.	Un	Allemande	1637	36	161
D'Arnould , ou Aert Vander Néer.	Un	Hollandoife	1637	36	162
De Guillaume de Heus	deux	Hollandoife	1638	36	163 & 164
D'Adrien Vande Velde . . .	Un	Hollandoife	1639	37	165
De Gafpar Netfcher.	deux	Allemande	1639	37	166 & 167
De Gerard de Lai-reffe.	Un	Liégeoife	1640	37	168
De Carle du Jardin.	Un	Hollandoife	1640	38	169
D'Eglon Vander Néer.	deux	Hollandoife	1643	38	170 & 171
De Godefroid Schal-ken.	deux	Hollandoife	1643	38 & 39	172 & 173
De Jean Glauber & Laireffe. . . .	deux	Allemande	1646	39	174 & 175
De Jean van Huch-tenburg. . . .	deux	Hollandoife	1646	39	176 & 177
De Cornille Huyf-mans, dit de Ma-lines.	Quatre	Flamande	1648	39	de 178 à 181
De Renier Braken-burg.	deux	Hollandoife	1649	40	182 & 183
De Marienbof . .	Un	Hollandoife	1650	40	184
D'Abraham Storck.	Un	Hollandoife	1650	40	185
De Philippe Roos, dit De Tivoli. .	deux	Allemande	1655	40	186 & 187
Du Chevalier Char-les de Moor. . .	Un	Hollandoife	1656	41	188
De Jean Griffier. .	Un	Hollandoife	1656	41	189
De Pierre van Bloe-men.	Un	Flamande	1656	41	190
De Jacques De Heufch. . . .	deux	Hollandoife	1657	41	191 & 192

Noms des Artistes, Ecoles des Pays-Bas, Alleman-de, &c.	Nombre des Ta-bleaux.	Leurs Ecoles.	années de naif-sacces.	Pages du Catalogue.	Nombres du Catalogue.
du Chevalier Adrien Vander Werf.	Un	Hollandoise	1659	42	193
D' Arnold Houbra-ken.	Un	Hollandoise	1660	42	194
De Baudewyns, François Baut & Du Pont.	deux	Flamande	1660	42	195 & 196
De Willem, ou Guil-laume Mieris.	deux	Hollandoise	1662	42	197 & 198
De Cornille de Heem.	Quatre	Hollandoise	1677	43	de 199 à 202
De Charles Brey-del.	deux	Flamande	1677	43	203 & 204
De Jean van Huy-sum.	Un	Hollandoise	1682	44	205
De Matthieu Van Helmont.	Un	Flamande	1683	44	206
De Robert Grif-fier.	Trois	Hollandoise	1588	44	de 207 à 209
De Louis de Moni.	deux	Hollandoise	1698	45	210 & 211
De Guillaume Ro-myn.	Un	. . . .	. . . .	45	212
De Pierre Bout.	Trois	Hollandoise	. . . .	45	de 213 à 215
Monogramme B. G. Fecit.	Un	Hollandoise	. . . .	45	216
De Quirin Breke-lencamp.	Un	Hollandoise	. . . .	46	217
De N. Grief.	Quatre	Flamande	. . . .	46	de 218 à 221
De Lelienberg	Un	. . . .	. . . .	47	222
De Vermoelen	deux	. . . .	. . . .	47	223 & 224
De Théodore Mi-chau.	Sept	Flamande	. . . .	47 & 48	de 225 à 231
De Vander Hagen.	Un	. . . .	. . . .	48	232
De Coppens.	Un	. . . .	. . . .	48	233
De La Court.	deux	. . . .	. . . .	48	234 & 235
De Vander Dussen.	deux	. . . .	. . . .	49	236 & 237
De Van Avont.	Un	. . . .	. . . .	49	238
De Leremans.	deux	Flamande	. . . .	49	239 & 240
De Beschey.	deux	Flamande	. . . .	49	241 & 242

Noms des Artiftes. Ecoles des Pays Bas, Alleman-de, &c.	Nombre des Ta-bleaux.	Leurs Ecoles.	années de naif-fances.	Pages du Catalogue.	Nombres du Catalogue.
De Chrétien-Guillaume-Erneſt Ditricy. . . .	Trois	Saxonne	. . . .	49 & 50	de 243 à 245
De François Xavery	Un	Hollandoiſe	. . . .	50	246
D' André Lens. .	Un	Flamande	. . . .	50	247
Du Chevalier Facin	Un	Liégeoiſe	. . . .	51	248
De J. H. Antoniſſen.	Un	Flamande	. . . .	51	249
De M. van Doorne	Un	Flamande	. . . .	51	250
De Krafft. . .	Un	Flamande	. . . .	51	251
De N. Lens. . .	Un	Flamande	. . . .	51	252
De Smeeſters. . .	Un	Flamande	. . . .	52	253
De Knegel, Diſci-plc de Dietricy	deux	Allemande	. . . .	52	254 & 255
De Faber. . . .	Un	. . . .	. . . .	52	256
Ecole Françoiſe.		. . . .	. . . .	. . . . .	. . . . . .
De Nicolas Pouſſin.	Un	Françoiſe	1594	52	257
De Claude Gelée, dit le Lorain. .	Un	Françoiſe	1600	52	258
De Sébaſtien Bourdon.	deux	Françoiſe	1616	53	259 & 260
De Nicolas Loir. .	deux	Françoiſe	1624	53	261 & 262
De Jean Jouvenet.	deux	Françoiſe	1644	53	263 & 264
D' Antoine Wateau	Trois	Françoiſe	1684	53	de 265 à 267
De Baptiſte Ferret.	Un	Françoiſe	. . . .	54	268
De Joſeph Vernet.	deux	Françoiſe	. . . .	54	269 & 270
De Viſpré. . . .	Un	Françoiſe	. . . .	54	271
Tableaux de di-verſes Ecoles, & dont on ne peut déterminer les Maîtres. .	Neuf	. . . .	. . . .	55 & 56	de 272 à 280

Le nombre de Tableaux de ce Cabinet eſt en total de 280.

FAUTES A CORRIGER,

Principalement dans les dimentions auxquelles on prie les Amateurs de faire attention.

Dans l'Avertissement ligne 40, de voir *lisez* voir.

Page 3 *No.* 10, large 69 pouces, *lisez* large 76 pouces.

page 4 *No.* 13, haut 44, *lisez* haut 57.

page 5 *No.* 17 *&* 18, hauts $23\frac{1}{2}$, larges $18\frac{1}{2}$ *lisez* hauts 23, larges $17\frac{1}{2}$ pouces.

page 5 *No.* 21, haut 26, *lisez* haut 25.

page 6 *No.* 22, haut 13 large 9, *lisez* haut 11, large 8 pouces.

page 6 *No.* 26, large $17\frac{1}{2}$, *lisez* large $18\frac{1}{2}$ pouces.

page 8 *No.* 33, *2me ligne* délivrée, *lisez* délivré.

page 8 *No.* 36, haut $30\frac{1}{2}$, *lisez* haut $28\frac{1}{2}$.

page 9 *No.* 40, haut $42\frac{1}{2}$, *lisez* haut $4\frac{1}{2}$.

page 9 *No.* 42, haut $12\frac{1}{2}$, *lisez* haut $21\frac{1}{2}$.

page 10 *No.* 43, large 43, *lisez* large 83 pouces.

page 12 *No.* 54, *3me ligne* brouissailles, *lisez* broussailles.

page 12 *No.* 55, large 73, *lisez* large 83 pouces.

page 13 *No.* 58, haut 45, *lisez* haut 47 pouces.

page 13 *No.* 59, *ajoutez* peint sur Toile, haut $30\frac{1}{2}$, large 44 pouces.

page 13 *No.* 61, large 67, *lisez* large 64 pouces.

page 14 *No.* 66, haut $12\frac{1}{2}$, *lisez* haut $11\frac{1}{2}$.

page 15 *No.* 72, haut 15, *lisez* haut 13.

page 15 *No.* 74, haut 16 large $12\frac{1}{2}$, *lisez* haut 15, large $21\frac{1}{2}$ pouces.

page 16 *No.* 76, *1re ligne* sur un de ses rives, *lisez* sur une de ses rives.

page 18 *No.* 84, *9me ligne* un grande Basse, *lisez* une grande Basse.

page 18 *No.* 88, large $25\frac{1}{2}$, *lisez* large $23\frac{1}{2}$ pouces.

page 20 *No.* 96, haut $29\frac{1}{2}$, *lisez* haut $28\frac{1}{2}$.

page 20 *No.* 97, haut 39, *lisez* haut 28.

page 22 *No.* 102, large 12, *lisez* large 11 pouces.

page 22 *No.* 103, haut $11\frac{1}{2}$, *lisez* haut $10\frac{1}{2}$.

page 25 *No.* 118, haut $42\frac{1}{2}$, *lisez* haut $41\frac{1}{2}$.

page 27 *No.* 124, haut 46, large $62\frac{1}{2}$, *lisez* haut 47, large 64 pouces.

page 27 *No.* 124, *2me ligne* brouissailles, *lisez* broussailles.

page 27 *ligne* 4, un hauteur, *lisez* une hauteur.

page 30 *No.* 136, haut 30, *lisez* haut $28\frac{1}{2}$.

page 31 *No.* 141, haut $25\frac{1}{2}$, large 39, *lisez* haut $22\frac{1}{2}$, large 28 pouces.

page 31 *No.* 146, *lisez* No. 45.

page 33 *No.* 150, large 28½, *lifez* 28 pouces.

page 34 *No.* 156, 3*me ligne* fur une piedeftal, *lifez* fur un piedeftal.

page 35 *No.* 158, large 25 *lifez* large 23 pouces.

page 35 *No.* 160, large 25, *lifez* large 22½ pouces.

page 36 *No.* 161, 5*me ligne*, une arbre, *lifez* un arbre.

page 36 *No.* 163, large 12½, *lifez* large 21½ pouces.

page 37 *No.* 167, large 15½, *lifez* large 12½ pouces.

page 40 *No.* 182, haut 16, large 25, *lifez* haut. 15, large. 18½ pouces.

page 41 *No.* 191 & 192, larges 9½, *lifez* larges 6½ pouces.

page 47 *No.* 225, haut 25½, large 34, *lifez* haut 23½, large 33½ pouces.

page 48 *No.* 230 & 231, hauts 11½, larges 8, *lifez* hauts 10½, larges 7½ pouces.

page 48 *No.* 234 & 235, hauts 13½, larges 11½, *lifez* hauts 12½, larges 10½ pouces.

page 49 *No.* 239, haut 14, *lifez* haut 12 pouces.

page 49 *No.* 241, haut 27½, *lifez* haut 25 pouces.

page 49 *No.* 243, une claire, *lifez* un clair.

page 51 *No.* 251, large 24, *lifez* large 20½ pouces.

page 52 *No.* 254 & 255, hauts 38, *lifez* 27½ pouces.

page 53 *No.* 259, 2*me ligne* d'un riviere, *lifez* d'une riviere.

page 53 *No.* 261, haut 24, *lifez* haut 23.

page 54 *No.* 268, haut 28½, large 37, *lifez* haut 27, large 36 pouces.

page 54 *No.* 269, haut 13, *lifez* haut 12.

A V I S.

LEs Héritiers de feu Mr. DE VERHULST étant requis de fixer le tems moral indiqué par l'Avertiffement de ce Catalogue pour l'acquifition de ce CABINET en Total & en Maffe, avertiffent & préviennent le Public

& les Amateurs que fi cet offre & propofition pour la Totalité dudit Cabinet n'a pas eu lieu avant le 15. Juillet de la préfente année 1779. La Vente publique & definitive de ce Cabinet en detail eft fixée & commencera le 16. Aout de la même Année & jours fuivans à neuf heures & demie du Matin & à deux heures & demie de Relevée.

Après la Vente des Tableaux on vendra une très belle Collection de Deffeins & Eftampes de plus fameux Maîtres, tels que de Rubens, Van Dyck, Breugel de Velours, Teniers, Laireffe, Van Uden, Pouffin, Salvator Rofa & autres les plus renommés.